国家级会计学一流专业建设精品教材

XINBIAN QIYE KUAIJI
ZONGHE SHIXUN

新编企业会计综合实训

主　编　李　君
副主编　斯　烨

西南财经大学出版社
Southwestern University of Finance & Economics Press
中国·成都

图书在版编目(CIP)数据

新编企业会计综合实训/李君主编.—成都:西南财经大学出版社,2021.3
ISBN 978-7-5504-4808-7

Ⅰ.①新… Ⅱ.①李… Ⅲ.①企业会计—高等学校—教材 Ⅳ.①F275.2

中国版本图书馆 CIP 数据核字(2021)第 039546 号

新编企业会计综合实训

主　编:李君
副主编:斯烨　郑劬

策划编辑:李邓超
责任编辑:王琳
助理编辑:王琴
封面设计:张姗姗
责任印制:朱曼丽

出版发行	西南财经大学出版社(四川省成都市光华村街 55 号)
网　　址	http://www.bookcj.com
电子邮件	bookcj@swufe.edu.cn
邮政编码	610074
电　　话	028-87353785
照　　排	四川胜翔数码印务设计有限公司
印　　刷	郫县犀浦印刷厂
成品尺寸	185mm×260mm
印　　张	8.5
字　　数	184 千字
版　　次	2021 年 3 月第 1 版
印　　次	2021 年 3 月第 1 次印刷
印　　数	1— 2000 册
书　　号	ISBN 978-7-5504-4808-7
定　　价	25.00 元

前 言

近年来，随着经济形势的不断变化和技术的不断进步，我国会计和税收的相关法律法规变化频繁，社会主义价值观教育不断融入人才培养中。为了适应这些新的形势，我们依据教育部关于会计学人才培养目标，在原《企业会计综合实训》第一版和第二版基础上出版了《新编企业会计综合实训》。本书也是西华大学国家级会计学一流专业和“会计学基础”一流课程的建设成果。我们希望通过理论联系实际的会计实训，让学生全面理解和掌握会计专业知识，提高学生的会计专业实践技能，缩短学生的就业适应期，加强学生的会计思维训练，培养应用型、复合型会计专业人才。本书根据新的形势变化突出了以下特色：

第一，突出实训案例的真实性和实用性。本书以成都市某沐桶制造企业为原型，根据真实的业务和真实的单据编写，前后逻辑性强，勾稽关系明确，每笔经济业务描述后面均附有该业务涉及的自制及外来凭证清单。原始凭证的排版贴近实务，其中支票、领料单、发货单等内部凭证都按流水号编排，各类纳税申报表都按照真实的表格设计。

第二，突出现行会计、税收法律规范的变化。我国全面的营改增以及增值税税率的变化和相关会计准则的变化，尤其涉及像债务重组、融资租赁、非货币性交易等事项的最新会计和税务处理都体现在本书的业务中。本书根据实际情况对相关增值税票据等都做了相应补充和丰富，对增值税、所得税申报表都做了最新修订。

第三，突出实训内容的丰富性和综合性。我们根据综合实训目的和会计学专业培养人才目标丰富了企业会计业务，从建账到填制和审核原始凭证、填制和审核记账凭证、过账、结账直到最后编制会计报表和相关纳税申报表，从企业常规业务到复杂业务处理，形成了一个完整的会计处理系统，充分检验并帮助提高学生会计思维和会计实践操作技能水平。同时本书附有综合实训提示，方便老师指导教学、学生自我思考。

第四，突出马克思主义指导和问题导向，融入课程思政元素。以诚信纳税、不作假账为核心，引导学生理解和认识诚信和责任在职业生涯中的作用，既注重知识的传授，又注重培养学生正确的价值观、人生观和道德观。

本书由西华大学李君副教授担任主编，西华大学斯烨和郑劬老师担任副主编，成都信息工程大学马慧知老师参与编写。全书由李君副教授修改、总纂。

由于作者水平有限，书中疏漏及不足之处在所难免，恳请读者批评指正。

编者

2021 年 1 月

目 录

第一章　企业会计综合实训概述

一、企业会计综合实训目的

企业会计综合实训以会计学原理为基础，以财务会计、成本会计的理论和方法为指导，由教师指导学生处理仿真企业特定会计期间的业务，使学生掌握会计凭证的审核和填制、会计账簿的设置和登记以及会计报表的编制，熟悉会计资料的种类、格式、内容、填制方法和业务流程中会计凭证的传递手续等，充分运用科目汇总表账务处理程序完成特定会计期间的会计循环业务处理，提高学生会计实践综合技能。

实训可以使学生全面熟悉会计机构设置、会计人员分工和各岗位职责；正确处理各岗位所涉及的相关会计业务。实训也可以检验并提高学生的会计理论和会计操作技能水平；增强会计岗位的针对性，为学生毕业后从事会计工作打下坚实的基础；缩短学生的就业适应期，降低企业的再培训成本。

二、企业会计综合实训流程（图 1.1）

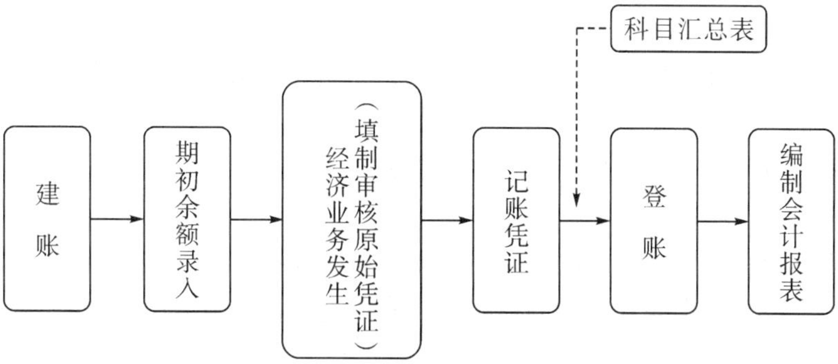

图 1.1　企业会计实训流程图

三、企业会计综合实训岗位设置

每六人组成一个实训工作小组，分别设置六个工作岗位。

会计主管：审核业务；填写各项税金及纳税申报表；编制科目汇总表；登记总账；编制会计报表。

出纳：办理货币资金收付业务；登记现金、银行存款日记账。

会计甲：主要负责登记财产物资明细账和所有者权益明细账。

会计乙：主要负责填制记账凭证、成本计算及登记成本费用明细账。

会计丙：主要负责填制记账凭证及登记往来账。

会计丁：主要负责填制记账凭证及登记其他账。

以上岗位在实训时可根据实际情况进行岗位轮换。

四、企业会计综合实训账务处理流程

仿真企业采用科目汇总表账务处理程序，在每月 31 日编制科目汇总表并登记总账，其财务处理流程图见图 1. 2 所示。

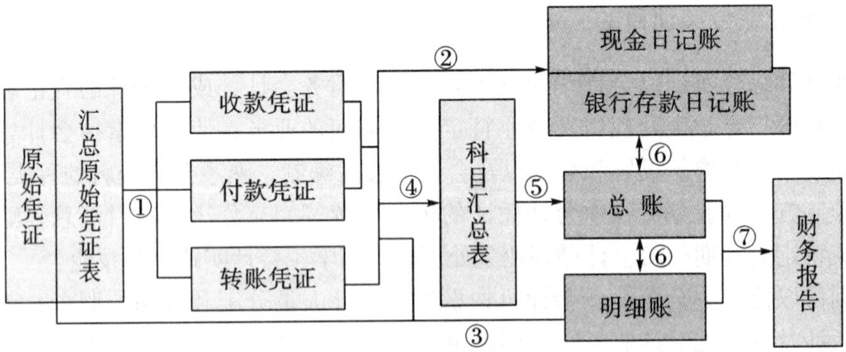

图 1. 2　账务处理流程图

说明：

① 根据原始凭证或汇总原始凭证，填制收款凭证、付款凭证和转账凭证；

② 根据收款凭证和付款凭证及所附原始凭证，逐笔按顺序登记现金日记账、银行存款日记账；

③ 根据收款凭证、付款凭证、转账凭证和原始凭证或汇总原始凭证，逐笔登记各种明细分类账；

④ 根据收款凭证、付款凭证、转账凭证编制科目汇总表；

⑤ 根据科目汇总表登记总分类账；

⑥ 月末将总分类账与日记账、明细分类账相核对；

⑦ 月末根据总分类账和明细分类账及其他有关资料编制会计报表。

五、企业会计综合实训账簿体系设置

1. 日记账

设置现金日记账和银行存款日记账。

2. 总分类账

三栏订本式。

3. 明细分类账

（1）原材料、库存商品等存货类：数量金额三栏式。

（2）成本、费用类：多栏式。

（3）其他：金额三栏式。

4. 账簿启用

账簿启用时，填制人先在账簿的封面上写明单位名称、账簿名称和使用年度，再填写扉页上的账簿启用与交接记录表，并在指定位置加盖单位公章。启用订本账，应当从第一页到最后一页顺序编定页码，不得跳页缺号；使用活页账页，应按账户顺序编号，并须定期装订成册，采用总分方式编定页码。

六、企业会计综合实训用具准备

企业会计综合实训用具如表 1. 1 所示。

表 1. 1　　企业会计综合实训用具表

名称	数量	备注
收款凭证	50 页	也可使用通用记账凭证
付款凭证	100 页	
转账凭证	150 页	
现金日记账账页	10 页	三栏式或多栏式
银行存款日记账账页	10 页	三栏式或多栏式
总账	1 本（或 100 页）	
金额三栏式账页	100 页	
数量金额三栏式账页	50 页	
多栏式账页	30 页	
增值税明细账账页	5 页	
账簿启用及交接记录表	9 页	
科目汇总表	15 页	
利润表	3 页	
资产负债表	3 页	
现金流量表	3 页	
账夹	5~9 对	
口启纸	3 张	
算盘（计算器）	每人一把（个）	自备
直尺	每人一把	自备
大头针（回形针）	1 盒	
黑色钢笔或签字笔	每人 1 支	自备
红色钢笔或签字笔	每人 1 支	自备
铅笔	每人 1 支	自备
美工刀	至少 1 把	自备
《企业会计准则》或参考书	至少 1 本	自备

第二章　企业建账基本资料

一、实训企业概况简介

（一）公司基本情况

（1）公司名称：成都康健沐桶股份有限公司（以下简称“公司”）。

（2）性质：股份有限公司，一般纳税人。

（3）纳税人识别号：510109876543211。

（4）地址及电话：成都市高新区富港路56号，85681266。

（5）开户行及账号：工行高新支行，424401201234123456。

（6）主要产品：浴足盆和沐浴桶。

（7）生产组织及工艺流程。

①公司下设有三个基本生产车间：加工车间、油漆车间、包装车间。一个辅助生产车间：机修车间。

②公司大量生产浴足盆和沐浴桶。公司首先在加工车间将购买的木板材抛光，然后刷上拼板胶拼贴，再上不锈钢带桶箍成型，到油漆车间经反复打磨上漆，最后在包装车间经成品检验包装入库。

（二）公司有关会计制度说明

1. 会计工作组织及账务处理程序

公司执行最新修订的《企业会计准则》。公司会计工作组织采用集中核算形式，账务处理采用科目汇总表账务处理程序，按旬汇总。公司设置总账、明细账、日记账以及收、付、转记账凭证。

2. 流动资产的核算

（1）公司会计核算以人民币为记账本位币。外币折算采用当日一日汇率进行核算，并按月计算汇兑损益。

（2）库存现金限额为5 000元。

（3）应收账款期末以预期信用损失简便方法进行减值会计处理。根据历史信用损失经验，国内应收账款的坏账准备为余额的0.5%。国外应收账款的坏账准备为余额的2%。

（4）原材料中主要材料采用计划成本法进行核算。在每笔材料验收入库时进行材料成本差异的结转；其他材料发出采用先进先出法进行核算。

（5）低值易耗品发出采用先进先出法核算，成本采用五五摊销法进行核算。

（6）公司生产的完工半成品不通过半成品库收发，完工后即转入下一工序加工。

（7）公司生产的产成品（库存商品）入库于当月月末一次性结转，发出库存商品采用先进先出法核算。

（8）存货采用成本与可变现净值孰低分单项计提跌价准备。

（9）交易性金融资产期末按公允价值计量。

3. 长期股权投资的核算

公司对洁华公司的投资占该公司有表决权资本的 40%，采用权益法核算。期末按可收回金额与账面价值比较，对可收回金额低于账面价值的差额，计提长期股权投资减值准备。

4. 债权投资的核算

公司按实际利率法计算摊余成本。期末以预期信用损失为基础进行减值会计处理并确认损失准备。

5. 固定资产的核算

（1）固定资产采用分类折旧法计提折旧。月末根据月初应计提折旧固定资产原值和规定的月折旧率计提折旧额。其中，固定资产分类月折旧率如表 2. 1 所示。

表 2. 1 固定资产分类月折旧率表 单位:%

类　别	生产经营用固定资产	出租固定资产	不需用固定资产
房屋建筑物	0. 30	0. 25	0. 25
机器设备	1. 5	1. 5	1
运输工具	1. 0	1. 0	0. 8

（2）固定资产后续支出中符合资本化条件的资产进行资本化，不符合资本化条件的资产则在发生当期直接计入费用。

（3）固定资产期末按可收回金额与账面价值比较，对可收回金额低于账面价值的差额，计提固定资产减值准备。

6. 无形资产的核算

无形资产采用直线法摊销，摊销期限为 10 年。期末按可收回金额与账面价值比较，对可收回金额低于账面价值的差额，计提减值准备。

7. 投资性房地产的核算

投资性房地产采用成本模式进行后续计量，按月计提折旧和摊销（折旧率见固定资产分类月折旧率表）。

8. 产品成本的核算

（1）采用一级成本核算形式，产品成本计算采用逐步结转分步法。半成品成本计算采用分项结转法。

（2）“生产成本——基本生产成本”账户的明细账设直接材料、直接人工、制造费用 3 个成本项目。

（3）原材料中主要材料按定额耗用量比例法进行分配。定额耗用量如表 2. 2 所示。

表 2.2　　原材料主要材料定额耗用量表

原材料	产成品	
	浴足盆	沐浴桶
木板材/立方米	0.01	0.125
拼板胶/千克	0.20	1.30
不锈钢带/千克	1.00	12.00
油漆/千克	0.60	8.00

（4）纸箱按容纳数量进行分配。五个浴足盆装一个纸箱 1 号；一个沐浴桶装一个纸箱 2 号。

（5）加工车间和油漆车间生产工人采用计件工资，月末根据本车间当月完工产品数量计发工资，在产品不发工资。单位计件工资如表 2.3 所示。

表 2.3　　单位计件工资表

类别	加工车间	油漆车间
浴足盆	12 元/只	7 元/只
沐浴桶	80 元/只	15 元/只

（6）包装车间采用计时工资，每人每月 1 200 元，其标准按最终完工入库产成品数量进行分配。

（7）基本生产车间单独设账核算制造费用，按生产工时比例分配。

（8）辅助生产车间不单独设账核算制造费用。

（9）月末在产品采用约当产量法计算。各成本项目完工程度均为本步骤完工产品的 50%。

9. 税金及附加的核算

（1）增值税：销售货物增值税税率为 13%，出租不动产增值税税率为 9%，简易征收增值税税率为 5%。

（2）企业所得税：税率 25%。每月预缴 50 000 元，年末汇算清缴。

（3）个人所得税：由公司代扣代缴。

（4）房产税：出租房屋每月按房租收入的 12% 计缴。其他房屋每年按房产余值［房产原值×(1−30%)］的 1.2%计缴，要求每年于 6 月月底和 12 月月底分两次缴纳。

（5）其他税金及附加：城市建设税税率 7%，教育费附加税税率为 3%。

10. 利润及利润分配

年末按净利润的 10%提取法定盈余公积金，按 5%提取任意盈余公积金。按可供分配利润的 60%向投资者分配利润。

二、期初建账资料

（一）康健公司 20×7 年 12 月月初有关总分类账和明细分类账期初余额（见表 2.4）

表 2.4 康健公司 20×7 年 12 月月初有关总分类账和明细分类账期初余额表

总账账户	二级账户	明细账户	借方余额/元	贷方余额/元	备注
库存现金			1 528		
银行存款			1 230 685		
其他货币资金	存出投资款	国泰证券高新营业部	61 214.80		
交易性金融资产	平安银行	成本	125 000		10 000 股
		公允价值变动	91 000		
应收票据	商业承兑汇票	朝霞贸易有限公司	39 780		
应收账款	北京美家美有限公司		119 340		
	舒爱尔有限公司		99 450		6.845 0
	美国科丽公司		205 350		30 000 美元（1 美元≈6.845 0 元人民币）
其他应收款	办公室张丹		1 000		
坏账准备	国内			1 093.95	
	国外			4 107	
材料采购	木板材		200 000		100 立方米
原材料			440 260		
周转材料			1 800		
材料成本差异			220		
库存商品			120 000		
发出商品	沐浴桶		180 000		200 只（用于出口）
长期股权投资	洁华公司	投资成本	1 400 000		
		损益调整	340 000		
债权投资	东北债券	成本	200 000		
		利息调整	5 549.36		
固定资产	生产经营用房屋		9 000 000		
	生产经营用建筑物		880 000		
	生产经营用机器设备		860 000		
	生产经营用运输工具		820 000		
	不需用运输工具		400 000		

表2.4(续)

总账账户	二级账户	明细账户	借方余额/元	贷方余额/元	备注
累计折旧				2 500 000	
无形资产	实用新型专利		120 000		
累计摊销				48 000	
投资性房地产	出租房屋		1 000 000		
投资性房地产累计折旧				120 000	
生产成本	基本生产成本	加工车间	2 964		
		油漆车间	6 132		
		包装车间	0		
短期借款	工行高新支行			400 000	年利率 6%
应付账款	云南金泰木业有限公司			234 000	
合同负债	南方洁具有限公司合同			10 000	
应付职工薪酬	工资			357 260	
	失业保险			2 140.8	
	医疗保险			23 192	
	养老保险			57 088	
	生育保险			2 854.4	
	工伤保险			2 497.6	
	职工教育经费			18 496	
	工会经费			25 018	
应交税费	未交增值税			97 360	
	应交房产税			816	
	应交企业所得税			50 000	
应付利息	工行高新支行借款利息			4 000	
股本	法人股			8 000 000	
	个人股			2 000 000	
资本公积	资本溢价			100 000	
盈余公积	法定盈余公积金			560 000	
	任意盈余公积金			280 000	
本年利润				2 200 000	
利润分配	未分配利润			853 349.41	

（二）康健公司 20×7 年 12 月初库存存货余额（见表 2.5）

表 2.5　　康健公司 20×7 年 12 月初库存存货余额表

存货类别、名称			计量单位	数量	单位成本/元	计划总成本/元	材料成本差异率/%	材料成本差异/元	实际总成本/元
原材料	主要材料	木板材	立方米	20	2 000	40 000	-1	-400	
		拼板胶	千克	1 000	55	55 000	2	1 100	
		不锈钢带	千克	10 000	16	160 000	-0.5	-800	
		油漆	千克	8 000	20	160 000	0.2	320	
		小计				415 000		220	
	其他材料	润滑油	千克	50	70				3 500
		纸箱 1 号	个	320	8				2 560
		纸箱 2 号	个	960	20				19 200
		小计							25 260
周转材料——低值易耗品——机修工具		在库	只	25	60				1 500
		在用	只	10	60				600
		摊销	只						-300
		小计							1 800
库存商品		浴足盆	只	300	100				30 000
		沐浴桶	只	100	900				90 000
		小计							120 000

（三）康健公司 20×7 年 12 月初在产品成本（见表 2.6）

表 2.6　　康健公司 20×7 年 12 月初在产品成本表　　单位：元

成本项目		直接材料	直接人工	制造费用	合计
加工车间	浴足盆	550	0	110	660
	沐浴桶	1 920	0	384	2 304
	小计	2 470	0	494	2 964
油漆车间	浴足盆	540	0	216	756
	沐浴桶	3 840	0	1 536	5 376
	小计	4 380	0	1 752	6 132

第三章　康健公司经济业务资料

本章主要探讨学习成都市康健沐桶股份有限公司的业务资料，从而让学生更加了解企业的会计工作。

①12 月 1 日，办公室张丹报销差旅费，相关票据如表 3.1 至表 3.4 所示。

表 3.1　　成都康健沐桶股份有限公司差旅费报销单

预借金额：1 000.00　实报金额：1 204.00　应补（退）金额：204.00

报账日期：20×7 年 12 月 01 日　　附件 6

<table>
<tr><td colspan="4">部　门</td><td>办公室</td><td>姓名</td><td>张丹</td><td colspan="2">出差事由</td><td colspan="2">到重庆开会</td></tr>
<tr><td colspan="4">起止日期</td><td rowspan="2">起止地点</td><td rowspan="2">车船费</td><td rowspan="2">住宿费</td><td rowspan="2">补贴</td><td rowspan="2">其他</td><td rowspan="2">合计</td><td rowspan="2">说明事项</td></tr>
<tr><td>月</td><td>日</td><td>月</td><td>日</td></tr>
<tr><td>11</td><td>20</td><td>11</td><td>21</td><td>成都—重庆</td><td>98.00</td><td></td><td>20.00</td><td></td><td>118.00</td><td rowspan="6">其他为会务费</td></tr>
<tr><td>11</td><td>21</td><td>11</td><td>24</td><td>开会</td><td>48.00</td><td>320.00</td><td>200.00</td><td>400.00</td><td>968.00</td></tr>
<tr><td>11</td><td>24</td><td>11</td><td>25</td><td>重庆—成都</td><td>98.00</td><td></td><td>20.00</td><td></td><td>118.00</td></tr>
<tr><td></td><td></td><td></td><td></td><td></td><td></td><td></td><td></td><td></td><td></td></tr>
<tr><td></td><td></td><td></td><td></td><td></td><td></td><td></td><td></td><td></td><td></td></tr>
<tr><td></td><td></td><td></td><td></td><td>合　计</td><td>244.00</td><td>320.00</td><td>240.00</td><td>400.00</td><td>1 204.00</td></tr>
<tr><td colspan="10">报销金额合计（大写）壹仟贰佰零肆元整</td><td></td></tr>
</table>

公司负责人：　部门负责人：冯小涛　审核：李群　会计：赵君　出差人：张丹

表 3.2　　成都市康健沐桶股份有限公司领款收据　　No.000571

日期：20×7 年 12 月 1 日	
收款单位：办公室张丹	现金付讫
金额：￥204.00	人民币（大写）贰佰零肆元整
付款事由：出差补差	

会计：赵君　记账：　出纳：王小玲　审核：李群　领款：张丹

表 3.3

5000171156

重庆增值税专用发票

全国统一发票监制章 重庆 国家税务总局监制

发票联

№ **20791856** 5000171156

20791856

开票日期：　20×7 年 11 月 25 日

购买方	名　　称：成都市康健沐桶股份有限公司 纳税人识别号：915101098765432119 地 址、电 话：成都市高新区富港路 56 号 85681266 开户行及账户：工行高新支行 424401201234123456	密码区	7+1633+＜18＜02-2+7169*8＞＞0703＞ 4528333117 ＜ 3607814791/2*-94/302-872 ＜ ＞ 18 ＜ 4 ＜ +5+756 ＜ *+ ＞ ＞ 46510-528333117<3607812<>5

货物或应税劳务、服务名称	规格型号	单位	数量	单价	金额	税率	税额
*住宿服务*住宿费		间	4	75.47	301.88	6%	18.12
合计					301.88		18.12
价税合计（大写）	⊗ 叁佰贰拾元整				（小写）¥320.00		

销售方	名　　称：重庆如家酒店有限公司 纳税人识别号：915001143532182789 地 址、电 话：重庆市沙坪坝区校园路 7 号 023-65120066 开户行及账户：建行重庆沙坪坝支行 110123456789321659	备注	重庆如家酒店有限公司 915001143532182789 发票专用章 500100123456

收款人：黄伟　　　复核：张丽　　　开票人：黄伟　　　销售方（章）：

税总函[2017]219 号西安印钞有限公司

第三联：发票联　购买方记账凭证

表 3.4

5000171156

重庆增值税专用发票

全国统一发票监制章 重庆 国家税务总局监制

抵扣联

№ **20791856** 5000171156

20791856

开票日期：　20×7 年 11 月 25 日

购买方	名　　称：成都市康健沐桶股份有限公司 纳税人识别号：915101098765432119 地 址、电 话：成都市高新区富港路 56 号 85681266 开户行及账户：工行高新支行 424401201234123456	密码区	7+1633+＜18＜02-2+7169*8＞＞0703＞ 4528333117 ＜ 3607814791/2*-94/302-872 ＜ ＞ 18 ＜ 4 ＜ +5+756 ＜ *+ ＞ ＞ 46510-528333117<3607812<>5

货物或应税劳务、服务名称	规格型号	单位	数量	单价	金额	税率	税额
*住宿服务*住宿费		间	4	75.47	301.88	6%	18.12
合计					301.88		18.12
价税合计（大写）	⊗ 叁佰贰拾元整				（小写）¥320.00		

销售方	名　　称：重庆如家酒店有限公司 纳税人识别号：915001143532182789 地 址、电 话：重庆市沙坪坝区校园路 7 号 023-65120066 开户行及账户：建行重庆沙坪坝支行 110123456789321659	备注	重庆如家酒店有限公司 915001143532182789 发票专用章 500100123456

收款人：黄伟　　　复核：张丽　　　开票人：黄伟　　　销售方（章）：

税总函[2017]219 号西安印钞有限公司

第二联：抵扣联　购买方扣税凭证

②12 月 1 日，销售科王国庆领取定额备用金 5 000 元，以现金支票付讫，相关收据如表 3.5、表 3.6 所示。

表 3.5

成都市康健沐桶股份有限公司 No. 00049218

现金借条 20×7 年 12 月 01 日

借款用途：销售科定额备用金 现金付讫					
金额（大写）伍仟元整					
领导审批	同意 赵卫康	部门负责人意见	情况属实。谢平勇	借款人	王国庆
报销记录					

表 3.6

中国工商银行

现金支票存根

$\frac{B}{0}\frac{B}{2}$ 02089320

附加信息

出票日期 20×7 年 12 月 01 日

收款人：王国庆	
金　额：5 000.00	
用　途：备用金	

单位主管　　　会计

③12 月 1 日，公司向中国工商银行高新支行借入本金 60 万元，为期 2 年，年利率 7.2%，用于新车间土建借款，已收妥入账。存入活期，年利率 0.36%，工商银行借款凭证如表 3.7 所示。

表 3.7　　**工商银行借款凭证**(收账通知)4

实贷日期(银行填写)：　20×7 年 12 月 1 日　　　　合同号码：　1201

<table>
<tr><td rowspan="2">借款单位</td><td>名称</td><td colspan="3">成都市康健沐桶股份有限公司</td><td colspan="3">约定偿还</td><td colspan="6">20×9 年 12 月 1 日</td></tr>
<tr><td>存款账号</td><td>424401201234123456</td><td>贷款账号</td><td>2378008566</td><td colspan="3">展期偿还</td><td colspan="6"></td></tr>
<tr><td colspan="2">贷款种类</td><td>两年期</td><td>月利率</td><td>0.6%</td><td colspan="3"></td><td colspan="6"></td></tr>
<tr><td colspan="2" rowspan="2">申请借款金额</td><td rowspan="2">陆拾万元整</td><td rowspan="2">核准借款金额</td><td rowspan="2">陆拾万元整</td><td>百</td><td>十</td><td>万</td><td>千</td><td>百</td><td>十</td><td>元</td><td>角</td><td>分</td></tr>
<tr><td>¥</td><td>6</td><td>0</td><td>0</td><td>0</td><td>0</td><td>0</td><td>0</td><td>0</td></tr>
<tr><td colspan="2">借款直接用途</td><td colspan="3">新车间土建</td><td colspan="9"></td></tr>
<tr><td colspan="5" rowspan="2">上列借款已批准发放，转入单位结算户。
此致
单位
(银行签章)</td><td colspan="9">银行分录：　20×7 年 12 月 1 日
借：——
贷：</td></tr>
<tr><td colspan="9"></td></tr>
</table>

中国工商银行股份有限公司高新支行　20×7.12.01　转讫　(01)

④12 月 1 日，公司向新车间承包方支付工程款 20 万元，同日，土建工程开工。相关凭证如表 3.8 至表 3.10 所示。

表 3.8

中国工商银行

转账支票存根

$\frac{B}{0}\frac{B}{2}$　01067210

附加信息

出票日期 20×7 年 12 月 07 日

收款人：成都市第三建筑公司
金　额：200 000.00
用　途：预付土建款

单位主管　　　会计

表 3.9

四川增值税专用发票

全国统一发票监制章 四川 国家税务总局监制

5000171256 № 20791456 5000171256

20791456

发票联

开票日期： 20×7 年 12 月 01 日

购买方	名　　称：成都市康健沐桶股份有限公司 纳税人识别号：915101098765432119 地 址、电 话：成都市高新区富港路 56 号 85681266 开户行及账户：工行高新支行 424401201234123456				密码区	25+2588+＜26＜02-2+7169*8＞＞014＞ 4528333117＜3607814791/2*-94/302-872 ＜＞78＜4＜+5+756＜*+＞＞ 46510-528333117＜3607856＜＞5	
货物或应税劳务、服务名称	规格型号	单位	数量	单价	金额	税率	税额
*建筑服务*工程款					183 486.24	9%	165 13.76
合计					183 486.24		165 13.76
价税合计（大写）	⊗贰拾万元整				（小写）¥200 000.00		
销售方	名　　称：成都市第三建筑公司 纳税人识别号：915101143532182152 地 址、电 话：成都市锦江区长兴路 5 号 028-65120012 开户行及账户：建行成都锦江支行 110123456789324586				备注	成都市第三建筑公司 915101143532182152 发票专用章 5001001934571	

收款人：王唐　　复核：张晓　　开票人：李丽　　销售方（章）：

税总函[2017]219 号西安印钞有限公司

第三联：发票联　购买方记账凭证

表 3.10

四川增值税专用发票

全国统一发票监制章 四川 国家税务总局监制

5000171256 № 20791456 5000171256

20791456

抵扣联

开票日期： 20×7 年 12 月 01 日

购买方	名　　称：成都市康健沐桶股份有限公司 纳税人识别号：915101098765432119 地 址、电 话：成都市高新区富港路 56 号 85681266 开户行及账户：工行高新支行 424401201234123456				密码区	25+2588+＜26＜02-2+7169*8＞＞014＞ 4528333117＜3607814791/2*-94/302-872 ＜＞78＜4＜+5+756＜*+＞＞ 46510-528333117＜3607856＜＞5	
货物或应税劳务、服务名称	规格型号	单位	数量	单价	金额	税率	税额
*建筑服务*工程款					183 486.24	9%	165 13.76
合计					183 486.24		165 13.76
价税合计（大写）	⊗贰拾万元整				（小写）¥200 000.00		
销售方	名　　称：成都市第三建筑公司 纳税人识别号：915101143532182152 地 址、电 话：成都市锦江区长兴路 5 号 028-65120012 开户行及账户：建行成都锦江支行 110123456789324586				备注	成都市第三建筑公司 915101143532182152 发票专用章 5001001934571	

收款人：王唐　　复核：张晓　　开票人：李丽　　销售方（章）：

税总函[2017]219 号西安印钞有限公司

第二联：抵扣联　购买方扣税凭证

⑤12 月 2 日，公司将上月购买的 100 立方米的木板材验收入库，入库单如表 3.11 所示。

表 3.11　　**成都市康健沐桶股份有限公司入库单**　　No. 0000262

供货单位：云南金泰木业有限公司　　　　入库时间：20×7 年 12 月 02 日

材料编号	材料名称	规格型号	单位	请入数	实入数	实际成本		计划成本		差异额
						单价	金额	单价	金额	
	木板材		立方米	100	100					

二 财务

供应负责人：张凡　　财务：赵晓　　保管员：李亚希　　采购：杨天

⑥12 月 2 日，公司向南方洁具有限公司销售浴足盆 200 只，沐浴桶 100 只，货已发出，相关票据如表 3.12、表 3.13 所示。

表 3.12　　**四 川 增 值 税 专 用 发 票**

5100171130　　全国统一发票监制章 四 川 国家税务总局监制　　№20792564 5100171130 20792564

记 账 联　　开票日期：20×7 年 12 月 02 日

购买方		密码区	
名　　称：南方洁具有限公司 纳税人识别号：914401065432143218 地 址、电 话：广州市福田路 78 号 020-55261232 开户行及账户：建行广州福田支行 240006503412		密码区	567+2125+＜12＜02-2+7169*8＞＞0145＞ 2221533117＜36078791/2*-94/302-872＜ ＞ 728 ＜ 524 ＜ +5+56 ＜ *+ ＞ ＞ 46510-528523311＜3607812＜＞5

货物或应税劳务、服务名称	规格型号	单位	数量	单价	金额	税率	税额
*日居杂品*浴足盆		只	200	200.00	40 000.00	13%	5 200.00
*日居杂品*沐浴桶		只	100	1 500.00	150 000.00	13%	19 500.00
合计					190 000.00		24 700.00
价税合计（大写）	⊗贰拾壹万肆仟柒佰元零拾零元零角零分					（小写）¥214 700.00	

销售方	备注
名　　称：成都市康健沐桶股份有限公司 纳税人识别号：915101098765432119 地 址、电 话：成都市高新区富港路 56 号 85681266 开户行及账户：工行高新支行 424401201234123456	成都市康健沐桶股份有限公司 915101098765432119 发票专用章 500100198562

收款人：王小玲　　复核：李群　　开票人：郑雪　　销售方（章）：

税总函[2015]219 号东港股份有限公司

第一联：记账联 销售方记账凭证

表 3.13

成都市康健沐桶股份有限公司发货单

No. 0000198

20×7 年 12 月 02 日

编号	名称	规格	单位	数量		单价	金额	备注
				应发	实发			
	浴足盆		只	200	200			
	沐浴桶		只	100	100			

二 财务

记账：赵晓　　仓库主管：王洁　　保管：李亚希　　制单：张芳

⑦12 月 2 日，公司向都市电视台支付广告费 50 000 元（次日该广告在都市电视台播出），相关票据如表 3.14 至表 3.16 所示。

表 3.14

中国工商银行

转账支票存根

B/0 B/2 01067211

附加信息

出票日期 20×7 年 12 月 02 日

收款人：	都市电视台
金　额：	50 000.00
用　途：	广告费

单位主管　　会计

表 3.15

5000175268

四川增值税专用发票

全国统一发票监制章 四川 国家税务总局监制

发票联

№20756148 5000175268

20756148

开票日期： 20×7 年 12 月 02 日

购买方	
名 称	成都市康健沐桶股份有限公司
纳税人识别号	915101098765432119
地 址、电 话	成都市高新区富港路 56 号 85681266
开户行及账户	工行高新支行 424401201234123456

密码区：

52+＜521+20＜56-2+7169*8＞＞0245＞

524+65333117＜814791/2*-94/302-872＜

＞ 78 ＜ 4 ＜ +5+756 ＜ 524 ＞ ＞

526+54510-528333117＜3147812＜

货物或应税劳务、服务名称	规格型号	单位	数量	单价	金额	税率	税额
*广告代理服务*广告费					47 169.81	6%	2 830.19
合计					47 169.81		2 830.19
价税合计（大写）	⊗伍万元整				（小写）¥50000.00		

销售方	
名 称	都市电视台
纳税人识别号	915101143532184582
地 址、电 话	成都市高新区建设路 1 号 028-65120018
开户行及账户	建行成都高新支行 110123456789321485

备注

都市电视台 915101143532184582 发票专用章 5001001938 21

收款人：王成 复核：张里 开票人：李莉 销售方（章）：

税总函[2017]219 号西安印钞有限公司

第三联：发票联 购买方记账凭证

表 3.16

5000175268

四川增值税专用发票

全国统一发票监制章 四川 国家税务总局监制

抵扣联

№ 20756148 5000175268

20756148

开票日期： 20×7 年 12 月 02 日

购买方	
名 称	成都市康健沐桶股份有限公司
纳税人识别号	915101098765432119
地 址、电 话	成都市高新区富港路 56 号 85681266
开户行及账户	工行高新支行 424401201234123456

密码区：

52+＜521+20＜56-2+7169*8＞＞0245＞

524+65333117＜814791/2*-94/302-872＜

＞ 78 ＜ 4 ＜ +5+756 ＜ 524 ＞ ＞

526+54510-528333117＜3147812＜

货物或应税劳务、服务名称	规格型号	单位	数量	单价	金额	税率	税额
*广告代理服务*广告费					47 169.81	6%	2 830.19
合计					47 169.81		2 830.19
价税合计（大写）	⊗伍万元整				（小写）¥50 000.00		

销售方	
名 称	都市电视台
纳税人识别号	915101143532184582
地 址、电 话	成都市高新区建设路 1 号 028-65120018
开户行及账户	建行成都高新支行 110123456789321485

备注

都市电视台 915101143532184582 发票专用章 5001001938 21

收款人：王成 复核：张里 开票人：李莉 销售方（章）：

税总函[2017]219 号西安印钞有限公司

第二联：抵扣联 购买方扣税凭证

⑧12 月 2 日，公司开出现金支票 3 000 元，提现备用，其现金支票存根如表 3.17 所示。

表 3.17

中国工商银行

现金支票存根

$\frac{B}{0}\frac{B}{2}$ 02089321

附加信息

出票日期 20×7 年 12 月 02 日

收款人：	成都市康健沐桶股份有限公司
金　额：	3 000.00
用　途：	提现备用

单位主管　　　　会计

⑨12 月 2 日，公司开出转账支票，发放工资，相关票据如表 3.18、表 3.19 所示。

表 3.18

中国工商银行

转账支票存根

$\frac{B}{0}\frac{B}{2}$ 01067212

附加信息

出票日期 20×7 年 12 月 02 日

收款人：	成都市康健沐桶股份有限公司
金　额：	319 504.00
用　途：	发工资

单位主管　　　　会计

表 3.19 **成都市康健卫浴用品公司工资发放汇总表（11 月）**

20×7 年 12 月 2 日　　单位：元

部门	应付工资	代扣款项					实发工资
		失业	医疗	养老	个税	合计	
加工车间	177 440	710	3 548	14 192	105	18 555	158 885
油漆车间	50 940	204	1 018	4 072	70	5 364	45 576
包装车间	12 000	48	240	960	0	1 248	10 752
机修车间	5 480	22	108	432	0	562	4 918
行政管理	66 100	265	1 322	5 288	210	7 085	59 015
销售部	45 300	182	900	3 600	260	4 942	40 358
合计	357 260	1 431	7 136	28 544	645	37 756	319 504

⑩12 月 2 日，管理部门购买办公用品 3 500 元，转账支付。相关票据如表 3.20 至表 3.22 所示。

表 3.20

中国工商银行

转账支票存根

$\frac{B}{0}\ \frac{B}{2}$ 01067213

附加信息

出票日期 20×7 年 12 月 02 日

收款人：成都市新兴华文具公司	
金　额：3 500.00	
用　途：购买办公用品	

单位主管　　　会计

表 3.21

5000171182

四川增值税专用发票

全国统一发票监制章 四川 国家税务总局监制

№20791245 5000171182

20791245

发票联

开票日期：20×7 年 12 月 02 日

购买方	名　　称：成都市康健沐桶股份有限公司 纳税人识别号：915101098765432119 地 址、电 话：成都市高新区富港路 56 号 85681266 开户行及账户：工行高新支行 424401201234123456				密码区	287＜+2511＜5802-2+2369*8＞＞05215＞ 3117＜3607814791/2*-94/302-872＜5211 ＞75248＜114＜+5+756＜111*+＞52＞ 46-52643117<360781>2<5	
货物或应税劳务、服务名称	规格型号	单位	数量	单价	金额	税率	税额
*纸制品*办公用品 （详单略）					3 097.35	13%	402.65
合计					3 097.35		402.65
价税合计（大写）	⊗叁仟伍佰元整				（小写）¥3 500.00		
销售方	名　　称：成都市新兴华文具公司 纳税人识别号：915101143532184719 地 址、电 话：成都市高新区建设路 1 号 65120123 开户行及账户：建行成都高新支行 110123456789354189				备注	成都市新兴华文具公司 915101143532184719 发票专用章	

收款人：唐小平　　复核：刘卫　　开票人：赵东　　销售方（章）

税总函[2017]219 号西安印钞有限公司

第三联：发票联 购买方记账凭证

表 3.22

5000171182

四川增值税专用发票

全国统一发票监制章 四川 国家税务总局监制

№20791245 5000171182

20791245

抵扣联

开票日期：20×7 年 12 月 02 日

购买方	名　　称：成都市康健沐桶股份有限公司 纳税人识别号：915101098765432119 地 址、电 话：成都市高新区富港路 56 号 85681266 开户行及账户：工行高新支行 424401201234123456				密码区	287＜+2511＜5802-2+2369*8＞＞05215＞ 3117＜3607814791/2*-94/302-872＜5211 ＞75248＜114＜+5+756＜111*+＞52＞ 46-52643117<360781>2<5	
货物或应税劳务、服务名称	规格型号	单位	数量	单价	金额	税率	税额
*纸制品*办公用品 （详单略）					3 097.35	13%	402.65
合计					3 097.35		402.65
价税合计（大写）	⊗叁仟伍佰元整				（小写）¥3 500.00		
销售方	名　　称：成都市新兴华文具公司 纳税人识别号：915101143532184719 地 址、电 话：成都市高新区建设路 1 号 65120123 开户行及账户：建行成都高新支行 110123456789354189				备注	成都市新兴华文具公司 915101143532184719 发票专用章	

收款人：唐小平　　复核：刘卫　　开票人：赵东　　销售方（章）

税总函[2017]219 号西安印钞有限公司

第二联：抵扣联 购买方扣税凭证

⑪12 月 4 日，公司委托国泰证券高新营业部出售“平安银行”2 000 股，深圳成交过户交割凭单如表 3.23 所示。

表 3.23

深圳证券中央登记结算公司

深圳成交过户交割凭单（卖）

20×7 年 12 月 4 日

资金账号：774466888 股东编号：0098320330 股东户名：成都市康健沐桶股份有限公司	上次余额：61 214.80 证券名称：平安银行　000001 成交价格：24.45
公司代号：242000 申请编号：001507 申报时间：11：20：00	成交金额：48 900.00 标准佣金：97.80 过户费用：0.00
成交时间：14：05：00 成交编号：00630030 成交数量：2 000（股） 证券余额：8 000（股）	印花税：48.90 附加费：0.00 应收余额：48 753.30 本次余额：109 968.10

二　通知联

经办单位：国泰证券高新营业部　　　　客户签章：

⑫ 12 月 2 日，公司向成都高盛不锈钢有限公司购不锈钢带，预付款为 200 000 元，其转账支票存根如表 3.24 所示。

表 3.24

中国工商银行

转账支票存根

$\frac{B}{0}\frac{B}{2}$ 01067214

附加信息

出票日期 20×7 年 12 月 02 日

收款人：成都高盛不锈钢有限公司
金　额：200 000.00
用　途：预付不锈钢带款

单位主管　　　　会计

⑬12 月 2 日，公司购买油漆 8 000 千克，其相关票据如表 3.25 至表 3.28 所示。

表 3.25

5000171154

四川增值税专用发票

全国统一发票监制章 四川 国家税务总局监制

发票联

№20791123 5000171154

20791123

开票日期：20×7 年 12 月 02 日

购买方	名　　称：成都市康健沐桶股份有限公司 纳税人识别号：915101098765432119 地 址、电 话：成都市高新区富港路 56 号 85681266 开户行及账户：工行高新支行 424401201234123456				密码区	87+2515+＜18＜02-2+7169*8＞＞0145＞ 4528333117 ＜ 3607814791/2*-94/302-872 ＜ ＞ 78 ＜ 4 ＜ +5+756 ＜ *+ ＞ ＞ 46510-528333117＜3607812＜＞5	
货物或应税劳务、服务名称	规格型号	单位	数量	单价	金额	税率	税额
*涂料*油漆		千克	8 000	22.00	176 000.00	13%	22 880.00
合计					176 000.00		22 880.00
价税合计（大写）	⊗壹拾玖万捌仟捌佰捌拾元整				（小写）￥198 880.00		
销售方	名　　称：成都力高化工有限公司 纳税人识别号：915101112345678994 地 址、电 话：成都合兴镇大运路 44 号（028）83456231 开户行及账户：农行合兴支行 456789012345678				备注	成都力高化工有限公司 915101112345678994 发票专用章 5000171152815	

收款人：　　　　复核：刘佳　　　　开票人：李三国　　　　销售方（章）：

税总函[2017]219 号西安印钞有限公司

第三联：发票联　购买方记账凭证

表 3.26

5000171154

四川增值税专用发票

全国统一发票监制章 四川 国家税务总局监制

抵扣联

№ 20791417 5000171154

20791417

开票日期：20×7 年 12 月 02 日

购买方	名　　称：成都市康健沐桶股份有限公司 纳税人识别号：915101098765432119 地 址、电 话：成都市高新区富港路 56 号 85681266 开户行及账户：工行高新支行 424401201234123456				密码区	87+2515+＜18＜02-2+7169*8＞＞0145＞ 4528333117 ＜ 3607814791/2*-94/302-872 ＜ ＞ 78 ＜ 4 ＜ +5+756 ＜ *+ ＞ ＞ 46510-528333117＜3607812＜＞5	
货物或应税劳务、服务名称	规格型号	单位	数量	单价	金额	税率	税额
*涂料*油漆		千克	8 000	22.00	176 000.00	13%	228 80.00
合计					176 000.00		228 80.00
价税合计（大写）	⊗壹拾玖万捌仟捌佰捌拾元整				（小写）￥198 880.00		
销售方	名　　称：成都力高化工有限公司 纳税人识别号：915101112345678994 地 址、电 话：成都合兴镇大运路 44 号（028）83456231 开户行及账户：农行合兴支行 456789012345678				备注	成都力高化工有限公司 915101112345678994 发票专用章 5000171152815	

收款人：　　　　复核：刘佳　　　　开票人：李三国　　　　销售方（章）：

税总函[2017]219 号西安印钞有限公司

第二联：抵扣联　购买方扣税凭证

表 3.27

中国工商银行

转账支票存根

$\frac{B}{0}$ $\frac{B}{2}$ 01067215

附加信息

出票日期 20×7 年 12 月 02 日

收款人：	成都力高化工有限公司
金　额：	198 880.00
用　途：	购买油漆

单位主管　　　　会计

表 3.28　**成都市康健沐桶股份有限公司入库单**　No. 0000263

供货单位：成都力高化工有限公司　　　　入库时间：20×7 年 12 月 02 日

材料编号	材料名称	规格型号	单位	请入数	实入数	实际成本		计划成本		差异额
						单价	金额	单价	金额	
	油漆		千克	8 000	8 000					

二　财务

供应负责人：张凡　　财务：赵晓　　保管员：李亚希　　采购：杨天

⑭12 月 2 日，加工车间领用木板材 100 立方米，拼板胶 1 000 千克，不锈钢带 10 000 千克；油漆车间领用油漆 7 000 千克；包装车间领用纸箱 1 号 300 个，纸箱 2 号 800 个。相关票据如表 3.29 至表 3.34 所示。

表 3.29　**成都市康健沐桶股份有限公司原材料领用单**　No. 0000811

领用部门：加工车间　　　　领用时间：20×7 年 12 月 2 日

用途：							
材料编号	材料名称	规格型号	单位	请领数	实发数	单价	金额
	木板材		立方米	100	100		

二　财务

供应负责人：张凡　　领用负责人：唐开富　　保管员：李亚希　　领料人：江琴

表 3.30　**成都市康健沐桶股份有限公司原材料领用单**　No. 0000812

领用部门：加工车间　　领用时间：20×7 年 12 月 2 日

用途：							
材料编号	材料名称	规格型号	单位	请领数	实发数	单价	金额
	拼板胶		千克	1 000	1 000		

二 财务

供应负责人：张凡　　领用负责人：唐开富　　保管员：李亚希　　领料人：江琴

表 3.31　**成都市康健沐桶股份有限公司原材料领用单**　No. 0000813

领用部门：加工车间　　领用时间：20×7 年 12 月 2 日

用途：							
材料编号	材料名称	规格型号	单位	请领数	实发数	单价	金额
	不锈钢带		千克	10 000	10 000		

二 财务

供应负责人：张凡　　领用负责人：唐开富　　保管员：李亚希　　领料人：江琴

表 3.32　**成都市康健沐桶股份有限公司原材料领用单**　No. 0000814

领用部门：油漆车间　　领用时间：20×7 年 12 月 2 日

用途：							
材料编号	材料名称	规格型号	单位	请领数	实发数	单价	金额
	油漆		千克	7 000	7 000		

二 财务

供应负责人：张凡　　领用负责人：卫中庆　　保管员：李亚希　　领料人：刘峰

表 3.33　**成都市康健沐桶股份有限公司原材料领用单**　No. 0000815

领用部门：包装车间　　领用时间：20×7 年 12 月 2 日

用途：							
材料编号	材料名称	规格型号	单位	请领数	实发数	单价	金额
	纸箱 1 号		个	300	300		

二 财务

供应负责人：张凡　　领用负责人：易红军　　保管员：李亚希　　领料人：王笑天

表 3.34　**成都市康健沐桶股份有限公司原材料领用单**　No. 0000816

领用部门：包装车间　　　　领用时间：20×7 年 12 月 2 日

<table>
<tr><td colspan="8">用途：</td></tr>
<tr><td>材料编号</td><td>材料名称</td><td>规格型号</td><td>单位</td><td>请领数</td><td>实发数</td><td>单价</td><td>金额</td></tr>
<tr><td></td><td>纸箱 2 号</td><td></td><td>个</td><td>800</td><td>800</td><td></td><td></td></tr>
<tr><td></td><td></td><td></td><td></td><td></td><td></td><td></td><td></td></tr>
<tr><td></td><td></td><td></td><td></td><td></td><td></td><td></td><td></td></tr>
</table>

二　财务

供应负责人：张凡　　领用负责人：易红军　　保管员：李亚希　　领料人：王笑天

⑮12 月 3 日，公司向市希望工程办公室捐赠 6 000 元，转账付讫，转账支票存根如表 3.35 所示，其收据如表 3.36 所示。

表 3.35

中国工商银行

转账支票存根

$\frac{B}{0}\ \frac{B}{2}$　01067216

附加信息

出票日期 20×7 年 12 月 03 日

收款人：成都市希望工程办公室
金　额：6 000.00
用　途：捐赠

单位主管　　　　会计

表 3.36　**四川省行政事业性收费统一收据**　No.006355

收费时间：20×7年 12 月 3 日

<table>
<tr><td>交费单位（或个人）</td><td>成都市康健沐桶股份有限公司</td><td colspan="3">收费许可证</td><td colspan="5">（　　）价货字第　　号</td></tr>
<tr><td rowspan="2">收费项目</td><td rowspan="2">收费标准</td><td colspan="7">金　　额</td><td rowspan="2">备　　注</td></tr>
<tr><td>万</td><td>千</td><td>百</td><td>十</td><td>元</td><td>角</td><td>分</td></tr>
<tr><td>希望工程捐款</td><td></td><td>¥</td><td>6</td><td>0</td><td>0</td><td>0</td><td>0</td><td>0</td><td></td></tr>
<tr><td></td><td></td><td></td><td></td><td></td><td></td><td></td><td></td><td></td><td></td></tr>
<tr><td></td><td></td><td></td><td></td><td></td><td></td><td></td><td></td><td></td><td></td></tr>
<tr><td colspan="2">合　　　计</td><td>¥</td><td>6</td><td>0</td><td>0</td><td>0</td><td>0</td><td>0</td><td></td></tr>
<tr><td>人民币（大写）</td><td colspan="4">陆仟元整</td><td colspan="4">支付方式</td><td>转　　账</td></tr>
</table>

第三联　交款单位记账凭证

成都市希望工程办公室　财务专用章

收款单位（公章）　　　　负责人：　　　　经办人：钟平

⑯12 月 3 日，公司从河北鼎辉木业有限公司购买原木 250 立方米，相关票据如表 3.37至表 3.42 所示。

表 3.37

河北增值税专用发票

5000171157　　　　　　　　　　　　№25641895 5000171157

25641895

发票联　　　　开票日期：20×7 年 12 月 03 日

购买方	名　　称：成都市康健沐桶股份有限公司 纳税人识别号：915101098765432119 地 址、电 话：成都市高新区富港路 56 号 85681266 开户行及账户：工行高新支行 424401201234123456				密码区	7+2515++852813502＞-2+769*8＞0145＞4521517＜364715/2＜*-65/52622＞78＜4＜+5+756＜*510+＞833＞46-523117＜32100＜52163＞5	
货物或应税劳务、服务名称	规格型号	单位	数量	单价	金额	税率	税额
*林业产品*原木		立方米	250	1 600.00	400 000.00	9%	36 000.00
合计					400 000.00		36 000.00
价税合计（大写）	⊗肆拾叁万陆仟元整				（小写）￥436 000.00		
销售方	名　　称：河北鼎辉木业有限公司 纳税人识别号：911301761236368364 地 址、电 话：河北石家庄裕华路 365 号 0311-8056789 开户行及账户：工行裕华路支行 180203308115990775				备注		

收款人：　　　复核：杨浩　　　开票人：章国志　　　销售方（章）：

税总函[2017]219 号西安印钞有限公司

第三联：发票联　购买方记账凭证

表 3.38

河北增值税专用发票

5000171157　　　　　　　　　　　　№25641895 5000171157

25641895

抵扣联　　　　开票日期：20×7 年 12 月 03 日

购买方	名　　称：成都市康健沐桶股份有限公司 纳税人识别号：915101098765432119 地 址、电 话：成都市高新区富港路 56 号 85681266 开户行及账户：工行高新支行 424401201234123456				密码区	7+2515++852813502＞-2+769*8＞0145＞4521517＜364715/2＜*-65/52622＞78＜4＜+5+756＜*510+＞833＞46-523117＜32100＜52163＞5	
货物或应税劳务、服务名称	规格型号	单位	数量	单价	金额	税率	税额
*林业产品*原木		立方米	250	1 600.00	398 000.00	9%	36 000.00
合计					400 000.00		36 000.00
价税合计（大写）	⊗肆拾叁万陆仟元整				（小写）￥436 000.00		
销售方	名　　称：河北鼎辉木业有限公司 纳税人识别号：911301761236368364 地 址、电 话：河北石家庄裕华路 365 号 0311-8056789 开户行及账户：工行裕华路支行 180203308115990775				备注		

收款人：　　　复核：杨浩　　　开票人：章国志　　　销售方（章）：

税总函[2017]219 号西安印钞有限公司

第二联：抵扣联　购买方扣税凭证

表 3.39

5000171128

四川增值税专用发票

№ 20005894 5000171128
20005894

发票联

开票日期：20×7 年 12 月 03 日

购买方	名　　称：成都市康健沐桶股份有限公司 纳税人识别号：915101098765432119 地 址、电 话：成都市高新区富港路 56 号 85681266 开户行及账户：工行高新支行 424401201234123456				密码区	0356<+<4/318<02-2+7169*8>>0145> 02523117<3<6078121/-902-872<>78< 4<+5+7*+>6078>46510-528356<33117 <312<>526	
货物或应税劳务、服务名称	规格型号	单位	数量	单价	金额	税率	税额
*运输服务*运输费					481 65.14	9%	4 334.86
合计					481 65.14		4 334.86
价税合计（大写）	⊗伍万贰仟伍佰元整						（小写）¥52 500.00
销售方	名　　称：成都市海达物流有限公司 纳税人识别号：915101068945321382 地 址、电 话：成都市金牛区西城路 18 号（028）83452541 开户行及账户：农行金牛支行 456789012312548				备注	货物名称：原木 起运地：双流 到达地：成都 车牌号：贵车黄A 578R6	

收款人：　　复核：刘诚信　　开票人：李江达　　销售方（章）

税总函[2017]219 号西安印钞有限公司

第三联：发票联　购买方记账凭证

表 3.40

5000171128

四川增值税专用发票

№ 20005894 5000171128
20005894

抵扣联

开票日期：20×7 年 12 月 03 日

购买方	名　　称：成都市康健沐桶股份有限公司 纳税人识别号：915101098765432119 地 址、电 话：成都市高新区富港路 56 号 85681266 开户行及账户：工行高新支行 424401201234123456				密码区	0356<+<4/318<02-2+7169*8>>0145> 02523117<3<6078121/-902-872<>78< 4<+5+7*+>6078>46510-528356<33117 <312<>526	
货物或应税劳务、服务名称	规格型号	单位	数量	单价	金额	税率	税额
*运输服务*运输费					48 165.14	9%	4 334.86
合计					48 165.14		4 334.86
价税合计（大写）	⊗伍万贰仟伍佰元整						（小写）¥52 500.00
销售方	名　　称：成都市海达物流有限公司 纳税人识别号：915101068945321382 地 址、电 话：成都市金牛区西城路 18 号（028）83452541 开户行及账户：农行金牛支行 456789012312548				备注	货物名称：原木 起运地：双流 到达地：成都 车牌号：贵车黄A 578R6	

收款人：　　复核：刘诚信　　开票人：李江达　　销售方（章）

税总函[2017]219 号西安印钞有限公司

第二联：抵扣联　购买方扣税凭证

表 3.41

中国工商银行

转账支票存根

B/0 B/2 01067217

附加信息

出票日期 20×7 年 12 月 03 日

收款人：成都市海达物流有限公司	
金　额：52 500.00	
用　途：支付运费	

单位主管　　　　会计

表 3.42 **成都市康健沐桶股份有限公司入库单** No. 0000264

供货单位：河北鼎辉木业有限公司　　　　入库时间：20×7 年 12 月 03 日

材料编号	材料名称	规格型号	单位	请入数	实入数	实际成本		计划成本		差异额
						单价	金额	单价	金额	
		原木		立方米	250					

二 财务

供应负责人：张凡　　财务：赵晓　　保管员：李亚希　　采购：杨天

⑰12 月 3 日，公司将原木发往成都丰裕木板加工厂，委托加工成木板材，其发料单如表 3.43所示。

表 3.43 **成都市康健沐桶股份有限公司委托加工发料单** No. 0002026

20×7 年 12 月 3 日

材料编号	材料名称	规格	单位	数量	单价	金额
	原木		立方米	250		
合同编号	加工品名	规格	单位	数量	交货日期	
1102	木板材		立方米	240	本月 12 日	
委托厂家名称	账号		税号		电话	收料人
成都丰裕木板加工厂	432156323440125326		510154321987655		84634328	邓平安

二 财务

供应负责人：张凡　　财务：赵晓　　保管员：李亚希　　委外经办：肖成功

⑱12 月 3 日，公司购买纸箱 1 号 800 个，纸箱 2 号 1 500 个，相关票据如表 3.44 至表 3.47所示。

表 3.44

中国工商银行

转账支票存根

$\frac{B}{0}\frac{B}{2}$　01067218

附加信息

出票日期 20×7 年 12 月 03 日

收款人：	成都佳祥纸业有限公司
金　额：	40 228.00
用　途：	购买纸箱

单位主管　　　　会计

表 3.45

5000171259　　　　四川增值税专用发票　　　　№ 20104582　5000171259

20104582

发票联　　　　开票日期：　20×7 年 12 月 03 日

全国统一发票监制章　四川　国家税务总局监制

购买方	名　　称：成都市康健沐桶股份有限公司 纳税人识别号：915101098765432119 地 址、电 话：成都市高新区富港路 56 号 85681266 开户行及账户：工行高新支行 424401201234123456					密码区	7+0356+ < 18 < 02-2+7169*8 > > 0145 > 4528333117 < 3607814791/2*-94/302-872 < > 78 < 4 < +5+756 < *+ > > 46510-528333117<3607812<>5	
货物或应税劳务、服务名称	规格型号	单位	数量	单价	金额		税率	税额
*纸制品*1号纸箱		只	800	8.50	6 800.00		13%	884.00
*纸制品*2号纸箱		只	1 500	19.20	28 800.00		13%	3 744.00
合计					35 600.00			4 628.00
价税合计（大写）	⊗肆万零仟贰佰贰拾捌元整				（小写）￥40 228.00			
销售方	名　　称：成都佳祥纸业有限公司 纳税人识别号：915101012345678912 地 址、电 话：成都市武侯大道 312 号 028-85654321 开户行及账户：工行武侯区支行 340506305116780768					备注	成都佳祥纸业有限公司 915101012345678912 发票专用章	

收款人：　　　　复核：杨国志　　　　开票人：王露　　　　销售方（章）

税总函[2017]219 号西安印钞有限公司

第三联：发票联　购买方记账凭证

表 3.46

5000171259

四川增值税专用发票

全国统一发票监制章 四川 国家税务总局监制

抵扣联

№ 20104582 5000171259

20104582

开票日期： 20×7 年 12 月 03 日

税总函[2017]219 号西安印钞有限公司

购买方	名　　称：成都市康健沐桶股份有限公司 纳税人识别号：915101098765432119 地 址、电 话：成都市高新区富港路 56 号 85681266 开户行及账户：工行高新支行 424401201234123456				密码区	7+0356+＜18＜02-2+7169*8＞＞0145＞ 4528333117＜3607814791/2*-94/302-872 ＜＞78＜4＜+5+756＜*+＞＞ 46510-528333117<3607812<>5		
货物或应税劳务、服务名称	规格型号	单位	数量	单价	金额		税率	税额
*纸制品*1号纸箱		只	800	8.50	6 800.00		13%	884.00
*纸制品*2号纸箱		只	1 500	19.20	28 800.00		13%	3 744.00
合计					35 600.00			4 628.00
价税合计（大写）	⊗肆万零仟贰佰贰拾捌元整				（小写）¥40 228.00			
销售方	名　　称：成都佳祥纸业有限公司 纳税人识别号：915101012345678912 地 址、电 话：成都市武侯大道 312 号 028-85654321 开户行及账户：工行武侯区支行 340506305116780768				备注			

成都佳祥纸业有限公司 915101012345678912 发票专用章

收款人：　　复核：杨国志　　开票人：王露　　销售方（章）：

第二联：抵扣联 购买方扣税凭证

表 3.47

成都市康健沐桶股份有限公司入库单

No. 0000265

供货单位：河北鼎辉木业有限公司　　入库时间：20×7 年 12 月 03 日

材料编号	材料名称	规格型号	单位	请入数	实入数	实际成本		计划成本		差异额
						单价	金额	单价	金额	
	1 号纸箱		个	800	800					
	2 号纸箱		个	1 500	1 500					

二 财务

供应负责人：张凡　　财务：赵晓　　保管员：李亚希　　采购：杨天

⑲ 12 月 4 日，公司向上海易达贸易有限公司销售浴足盆 400 只，沐浴桶 200 只。公司收到一张无息银行承兑汇票，期限三个月，货已发出，相关票据如表 3.48 至表 3.50 所示。

表 3.48

四川增值税专用发票

5100171130　　№20792565 5100171130 20792565

记账联　　开票日期：20×7 年 12 月 04 日

购买方	名　　称：上海易达贸易有限公司 纳税人识别号：91310198765432118 地 址、电 话：上海市杨浦区通北路 78 号 59788855 开户行及账户：建行杨浦支行 560007801234				密码区	1+2147+＜1802-＞2+526＜9*8＞0145＞ 5218547＜2517*858＜9791/2*-94/302-872 ＜＞5261＜4+5+756＜+＞＞46510-＞ 5528333117＜3607812＜		
货物或应税劳务、服务名称	规格型号	单位	数量	单价	金额	税率	税额	
*日用杂品*浴足盆		只	400	200.00	80 000.00	13%	10 400.00	
*日用杂品*沐浴桶		只	200	1 500.00	300 000.00	13%	39 000.00	
合计					380 000.00		49 400.00	
价税合计（大写）	⊗肆拾贰万玖仟肆佰元整				（小写）￥429 400.00			
销售方	名　　称：成都市康健沐桶股份有限公司 纳税人识别号：915101098765432119 地 址、电 话：成都市高新区富港路 56 号 85681266 开户行及账户：工行高新支行 424401201234123456				备注			

收款人：王小玲　　复核：李群　　开票人：郑雪　　销售方（章）：

税总函[2015]219 号东港股份有限公司

第一联：记账联　销售方记账凭证

表 3.49

成都市康健沐桶股份有限公司发货单　　No. 0000199

20×7 年 12 月 04 日

编号	名称	规格	单位	数量		单价	金额	备注
				应发	实发			
	浴足盆		只	400	400			
	沐浴桶		只	200	200			

记账：赵晓　　仓库主管：王洁　　保管：李亚希　　制单：张芳

二　财务

表 3.50

银行承兑汇票 2

出票日期（大写）贰零×七年拾贰月零肆日　　　　第 2569 号

出票全称	上海易达贸易有限公司	收款人	全称	成都市康健沐桶股份有限公司										
出票人账号	560007801234		账号	424401201234123456										
付款行全称	建行杨浦支行		开户行	工行高新支行				行号	302					
汇票金额	人民币（大写）肆拾贰万玖仟肆佰元整			千	百	十	万	千	百	十	元	角	分	
					¥	4	2	9	4	0	0	0	0	
汇票到期日	20×8 年 03 月 04 日		承兑协议编号	1256										
本汇票请你行承兑，到期无条件付款 上海易达贸易有限公司财务专业章 913101987654321 海李印德 出票人签章 20×7 年 12 月 04 日		本汇票已经承兑，到期日由本行付款 中国建设银行汇票专用章 承兑行签章 承兑日期 20×7 年 12 月 4 日		科目（借） 对方科目（贷） 转账　　年　月　日 复核　　记账										

此联收款人开户银行随委托凭证寄付款行作借方凭证

⑳12 月 4 日，职工李春、段刚参加业务培训转账支付学费 1 600 元，相关票据如表 3.51至表 3.53 所示。

表 3.51

四 川 增 值 税 专 用 发 票

5000171218

全国统一发票监制章 四川 国家税务总局监制

发 票 联

№ 20791251　5000171218

20791251

开票日期：　20×7 年 12 月 04 日

购买方	名　　称：成都市康健沐桶股份有限公司 纳税人识别号：915101098765432119 地 址、电 话：成都市高新区富港路 56 号 85681266 开户行及账户：工行高新支行 424401201234123456				密码区	7+0356+ < 18 < 02-2+7169*8 > > 0145 > 4528333117 < 3607814791/2*-94/302-872 < > 78 < 4 < +5+756 < *+ > > 46510-528333117<3607812<>5	
货物或应税劳务、服务名称	规格型号	单位	数量	单价	金额	税率	税额
*非学历教育服务*业务培训费		人	2	754.72	1 509.44	6%	90.56
合计					1 509.44		90.56
价税合计（大写）	⊗壹仟陆佰贰元整				（小写）¥1 600.00		
销售方	名　　称：成都市劳动技能培训公司 纳税人识别号：915101012345671496 地 址、电 话：成都市武侯大道 58 号 028-85659564 开户行及账户：工行武侯区支行 340506305116780489				备注	成都市劳动技能培训公司 915101012345671496 发票专用章	

收款人：　　　复核：唐丽　　　开票人：张汪洋　　　销售方（章）

税总函[2017]219 号西安印钞有限公司

第三联：发票联 购买方记账凭证

表 3.52

5000171218

四川增值税专用发票

抵扣联

№ 20791417 5000171218

20791417

开票日期：　20×7 年 12 月 04 日

税总函[2017]219 号西安印钞有限公司

购买方	名　　称：成都市康健沐桶股份有限公司 纳税人识别号：915101098765432119 地 址、电 话：成都市高新区富港路 56 号 85681266 开户行及账户：工行高新支行 424401201234123456					密码区	7+0356+ < 18 < 02-2+7169*8 > > 0145 > 4528333117 < 3607814791/2*-94/302-872 < > 78 < 4 < +5+756 < *+ > > 46510-528333117<3607812<>5	
货物或应税劳务、服务名称	规格型号	单位	数量	单价	金额	税率	税额	
*非学历教育服务*业务培训费		人	2	754.72	1 509.44	6%	90.56	
合计					1 509.44		90.56	
价税合计（大写）	⊗壹仟陆佰贰元整				（小写）¥1 600.00			
销售方	名　　称：成都市劳动技能培训公司 纳税人识别号：915101012345671496 地 址、电 话：成都市武侯大道 58 号 028-85659564 开户行及账户：工行武侯区支行 340506305116780489					备注	成都市劳动技能培训公司 915101012345671496 发票专用章	

第二联：抵扣联　购买方扣税凭证

收款人：　　复核：唐丽　　开票人：张汪洋　　销售方（章）

表 3.53

中国工商银行

转账支票存根

$\frac{B}{0}\frac{B}{2}$ 01067219

附加信息

出票日期 20×7 年 12 月 04 日

收款人：	成都市劳动技能培训公司
金　额：	1 600.00
用　途：	培训费

单位主管　　　会计

㉑12 月 4 日，公司用现金支付业务招待费 800 元，其发票如表 3.54 所示。

表 3.54

5000171858

四 川 增 值 税 普 通 发 票

全国统一发票监制章 四 川 国家税务总局监制

发 票 联

№ 10791002 5000171858

10791002

开票日期： 20×7 年 12 月 04 日

税总函[2017]219 号西安印钞有限公司

购买方	名　　称：成都市康健沐桶股份有限公司 纳税人识别号：915101098765432119 地 址、电 话：成都市高新区富港路 56 号 85681266 开户行及账户：工行高新支行 424401201234123456				密码区	< 187+03*21+ < 02-2+7169*8 > > 015 > 183111<360114791/2*-94/302-872<1254 > 1 < 52 < +5+756 < + > 110-51117 < 3611812<>5521411>14411	
货物或应税劳务、服务名称	规格型号	单位	数量	单价	金额	税率	税额
*餐饮服务*餐饮费					754.72	6%	45.28
合计					754.72		45.28
价税合计（大写）	⊗捌佰元整				（小写）¥800.00		
销售方	名　　称：成都市五星大酒店 纳税人识别号：915101012345695468 地 址、电 话：成都市武侯大道 27 号 028-85654156 开户行及账户：工行武侯区支行 340506305116781928				备注	成都市五星大酒店 915101012345695468 发票专用章	

第三联：发票联 购买方记账凭证

收款人： 复核：王福建 开票人：唐诚信 销售方（章）：

㉒12 月 2 日，加工车间刨木机因购买年代久远，已无法修复经批准报废，原值 200 000元，已提折旧 196 000 元，固定资产报废单如表 3.55 所示。

表 3.55

固定资产报废单

No. 0080

20×7 年 12 月 4 日

固定资产名称编号	规格型号	单位	数量	预计使用年限	已使用年限	原始价值	已提折旧	备注
刨木机	C-22	台	10	10	10	200 000 元	196 000 元	
固定资产报废原因	机器损坏，无法修理							
处理意见	使用部门	技术鉴定		固定资产管理部门		主管部门审批意见		
	无法修理	情况属实		同意转入清理		同意报废		

㉓12 月 7 日，公司同北京美家美有限公司签订债务重组合同，美家美公司以一辆小轿车抵债。当日，已经办理有关的手续，公司将收到的小轿车用作管理部门用车。公司应收美家美公司应收账款的公允价值为 100 000 元。相关票据如表 3.56、表 3.57、表 3.58 所示。

表 3.56

四川增值税专用发票

全国统一发票监制章 四川 国家税务总局监制

1000171258　　　　№ 20791417　1000171258

20791417

发票联　　　　开票日期：　20×7 年 12 月 07 日

税总函[2017]219 号西安印钞有限公司

购买方	名　　称：成都市康健沐桶股份有限公司 纳税人识别号：915101098765432119 地 址、电 话：成都市高新区富港路 56 号 85681266 开户行及账户：工行高新支行 424401201234123456				密码区	7+0356+ < 18 < 02-2+7169*8 > > 0145 > 4528333117 < 3607814791/2*-94/302-872 < > 78 < 4 < +5+756 < *+ > > 46510-528333117<3607812<>5		
货物或应税劳务、服务名称	规格型号	单位	数量	单价	金额		税率	税额
*机动车*轿车		辆	1	80 000	80 000		13%	10 400
合计					80 000			10 400
价税合计（大写）	⊗玖万零肆佰元整					（小写）￥90 400		
销售方	名　　称：北京市美家美有限公司 纳税人识别号：195101012345671496 地 址、电 话：北京市房山区东风街道 8 号 010-85651456 开户行及账户：工行东风支行 340502305116789512				备注	北京美家美有限公司 915101012345671496 发票专用章		

收款人：李凤　　　复核：陈艳　　　开票人：王国　　　销货单位（章）

第三联：发票联　购买方记账凭证

表 3. 57

四川增值税专用发票

全国统一发票监制章 四川 国家税务总局监制

1000171258 № 20791417 1000171258 20791417

抵扣联

开票日期： 20×7 年 12 月 07 日

购买方	名　　称：成都市康健沐桶股份有限公司 纳税人识别号：915101098765432119 地 址、电 话：成都市高新区富港路 56 号 85681266 开户行及账户：工行高新支行 424401201234123456				密码区	7+0356+＜18＜02-2+7169*8＞＞0145＞ 4528333117＜3607814791/2*-94/302-872 ＜＞78＜4＜+5+756＜*+＞＞ 46510-528333117＜3607812＜＞5	
货物或应税劳务、服务名称	规格型号	单位	数量	单价	金额	税率	税额
*机动车*轿车		辆	1	80 000	80 000	13%	10 400
合计					80 000		10 400
价税合计（大写）	⊗玖万零肆佰元整				（小写）￥90 400		
销售方	名　　称：北京市美家美有限公司 纳税人识别号：195101012345671496 地 址、电 话：北京市房山区东风街道 8 号 010-85651456 开户行及账户：工行东风支行 340502305116789512				备注	北京美家美有限公司 915101012345671496 发票专用章 5001001942	

收款人： 复核：王丽 开票人：张城刚 销售方（章）

税总函[2017]219 号西安印钞有限公司

第二联：抵扣联 购买方扣税凭证

表 3. 58

成都市康健沐桶股份有限公司
固定资产验收单

No. 01000321

开票日期 20×7 年 12 月 7 日

资产名称	规格型号	计量单位	数量	资产原值	资产净值	购买价格	备　注
上海大众宝来小轿车	30CS	辆	1				抵债
采购部门		负责人		验收部门	办公室	负责人	冯小涛
		审核人				审核人	
		经办人				经办人	汪洋

㉔12 月 7 日，公司委托银行签发银行汇票 130 000 元，由采购员杨天持往绵阳市购油漆。公司另支付手续费 15. 50 元。相关票据如表 3. 59、表 3. 60 所示。

表 3. 59

中国工商银行结算业务申请书

申请日期　20×7 年 12 月　07 日　　　　X Ⅷ0123456789

客户填写	业务类型	□电汇　□信汇　√汇票　□本票　□其他		汇款方式	√普通　□加急	第三联　回单联
	申请人 全称	成都市康健沐桶股份有限公司	收款人 全称	绵阳鑫源化工有限公司		
	申请人 账号或地址	424401201234123456	收款人 账号或地址	321010256987452566		
	申请人 开户行名称	工行高新支行	收款人 开户行名称	工行科创园区支行		
	金额（大写）人民币 壹拾叁万元整		亿 千 百 十 万 千 百 十 元 角 分	￥ 1 3 0 0 0 0 0 0		
	付出行签章		支付密码	3214 2036 1258 2589		
			附加信息及用途：	货款		
银行打印						

会计主管：　　复核：　　记账：

（印章：中国工商银行股份有限公司高新支行　20×7.12.07　转讫　(01)）

表 3. 60

中国工商银行　客户回执

收费客户回单
20×7 年 12 月 07 日
账号：424401201234123456
户名：成都市康健沐桶股份有限公司
交易量：　0　　　交易金额：　　　币种：　01
业务种类：单位小额支付汇兑　　　多级账簿编号：
收费种类名称：　　　收费金额：
单位小额支付电子汇划费　　　15.00
单位小额汇兑手续费　按笔　　　0.50
收费合计（大写）：壹拾伍元零伍角整
收费合计（小写）：15.50
交易柜员：　　张雪梅

（印章：中国工商银行股份有限公司高新支行　20×7.12.07　转讫　(01)）

㉕12 月 7 日，公司收到南方洁具有限公司补付货款，进账单如表 3.61 所示。

中国工商银行　进账单　（收账通知）

表 3.61　　20×7 年 12 月 07 日

出票人	全　称	南方洁具有限公司	收款人	全称	成都市康健沐桶股份有限公司
	账　号	240006503412		账号	424401201234123456
	开户银行	建行福田支行		开户银行	工行高新支行

金额	亿	千	百	十	万	千	百	十	元	角	分
人民币（大写）贰拾壹万零仟肆佰元整			¥	2	1	0	4	0	0	0	0

票据种类	支票	票据张数	
票据号码	00201547		
复核　记账			中国工商银行股份有限公司工业港支行 20×7.12.07 转讫 (01) 开户银行签章

B130-1(175*85mm)2017.9

此联是收款人开户银行交给收款人的收账通知

㉖12 月 7 日，采购员杨天借支差旅费 2 000 元，用现金付讫，现金借条如表 3.62 所示。

表 3.62　**成都市康健卫浴用品股份有限公司**　No. 00049219

现金借条

20×7年 12 月 7 日

借款用途：去绵阳采购油漆					
金额（大写）贰仟元整　现金付讫					
领导审批	同意 赵卫康	部门负责人意见	情况属实，同意出差。 张凡	借款人	杨天
报销记录					

㉗12 月 7 日，公司确认上月出口发出的商品 200 只沐浴桶的销售实现，单价 300 美元，款未收，如表 3.63、表 3.64 所示。

表 3.63　**成都康健沐桶股份有限公司**

CHENGDU KANGJIAN WOODEN BATHTUB METEYS. CO. . LTD

Address：56Gangfu Road，Hi-Tech Industrial Development Zone，Chengdu，Sichuan，China　　FAX：0086-28-85681266　　TEL：0086-28-85681265

COMMERCIAL INVOICES

INVOICE NO：09US-MYT30

INVOICE DATE：23rd，NOV，20×7

PAYMENT：T/T

TO：KELY ACCENTS，INC.

TEL：00-1-213-9798838

MARKS & NUMBERS	DESCRIPTION OF GOODS	UNIT PRICE CNF LA	AMOUNT
N/M	Wood Cask 200piece	USD300/piecd	USD60 000. 00
TOTAL（CNF LA）SAY U. S. DOLLAR：60 000. 00 ONLY			
FREIGHT AND INSURANCE INFORMATION：			
INSURANCE	NONE		
CNF TOTAL PRICE	USD60 000. 00		

表 3.64　**商业发票**

出口日期	核销单号	报关单号	货物名称	单位	数量	单价	总价
7rd,DEC,2014	110822369	560025485	Wood Cask	piece	200	300	60 000
出口日期	20×7 年 12 月 7 日						
金额（美元）	60 000						
当日汇率	6. 827 9						
出口金额（人民币）	409 674. 00						

㉘12 月 7 日，公司销售给上海丽华洁具有限公司沐浴桶 300 只，单价 1 500 元，现金折扣条件 2/10、1/20、N/30，估计丽华公司极可能享受的现金折扣为 2%。相关票据如表 3.65、表 3.66 所示。

表 3.65

四川增值税专用发票

5100171130　　　　No 20792566 5100171130

20792566

记账联　　　　开票日期：　20×7 年 12 月 07 日

购买方	名　　称：上海丽华洁具有限公司 纳税人识别号：91310112345678909 地 址、电 话：上海市西安路 09 号　021-59123456 开户行及账户：建行西安支行 560006502517				密码区	78<5142+<18<02-2+7169*8>>0145> 5124017<3607>>814791/2*-94/302-872 <>4<+5+756<*+46510-51207<3607812 <521026922>552+14283	
货物或应税劳务、服务名称	规格型号	单位	数量	单价	金额	税率	税额
*日用杂品*沐浴桶		只	300	1500.00	450 000.00	13%	58 500.00
合计					450 000.00		58 500.00
价税合计（大写）	⊗伍拾万捌仟伍佰元整				（小写）¥508 500.00		
销售方	名　　称：成都市康健沐桶股份有限公司 纳税人识别号：915101098765432119 地 址、电 话：成都市高新区富港路 56 号　85681266 开户行及账户：工行高新支行 424401201234123456				备注		

收款人：王小玲　　　复核：李群　　　开票人：郑雪　　　销售方（章）：

税总函[2015]219 号东港股份有限公司

第一联：记账联　销售方记账凭证

表 3.66

成都市康健沐桶股份有限公司发货单

No. 0000200

20×7 年 12 月 07 日

编号	名称	规格	单位	数量		单价	金额	备注
				应发	实发			
	沐浴桶		只	300	300			

二　财务

记账：赵晓　　　仓库主管：王洁　　　保管：李亚希　　　制单：张芳

㉙12 月 8 日，公司缴纳上月增值税 97 360 元，其税收缴款书如表 3.67 所示。

表 3.67　**中华人民共和国税收缴款书** 川国税缴（20×7）第 0099322 号　国

经济类型：股份有限公司

行　　业：工业　　　填发日期：　20×7 年 12 月 8 日　　　征收机关：高新区国税局

缴款单位	代码	510109876543211	预算科目	款	国内增值税
	全　称	成都市康健沐桶股份有限公司		项	010105
	开户银行	工行高新支行		级次	中央 50% 地方 50%
	账　号	424401201234123456		收款国库	市金库
税款所属时期 20×7 年 11 月 1 日至 30 日			税款限缴日期　12 月 15 日		

品目名称	课税数量	计税金额或销售收入	税率	已缴或扣除额	实缴金额
销售货物		1 126 250.00	16%	83 180.00	97 020.00
不动产租赁		6 800.00	5%		340.00
滞纳金	逾期　　天每天按应缴税额加收　　%				
人民币合计(大写)	玖万柒仟叁佰陆拾元整				
缴款单位(人)(盖章) 经办人(章) 成都康健沐桶股份有限公司 财务专业章 5101123456789	税务机关(盖章) 填票人 高新区国家税务局 业务专用章	上列款项已收妥并划转国库 国库(银行盖章) 20×7 年 12 月 8 日 中国工商银行股份有限公司高新支行 20×7.12.08 转讫 (01)			备　注

逾期不缴按税法规定加收滞纳金

第一联　缴款单位作完税凭证

㉚12 月 8 日，计算缴纳城建税和教育费附加，相关票据如表 3.68、表 3.69 所示。

表 3.68　**中华人民共和国税收缴款书** 川地税缴(20×7)第 070235 号　地

经济类型：股份有限公司

行　　业：工业　　　填发日期：　20×7 年 12 月 8 日　　　收入机关：高新区地税局

缴款单位	代　码	510109876543211	预算科目	款	国内城建税
	全　称	成都市康健沐桶股份有限公司		项	010103 国控企
	开户银行	工行高新支行		级次	市级
	账　号	424401201234123456		收款国库	市金库
税款所属时期　20×7 年 11 月 1 至 30 日			税款限缴日期　12 月 15 日		

品目名称	课税数量	计税金额或销售收入	税率	已缴或扣除额	实缴金额
增值税		97 360.00	7%		6 815.20
滞纳金	逾期　　天　每天按应纳税额加收　%				
人民币合计(大写)	陆仟捌佰壹拾伍元贰角整				
缴款单位(人)(盖章) 经办人(章) 成都康健沐桶股份有限公司 财务专业章 5101123456789	税务机关(盖章) 填票人(章) 高新区地方税务局 业务专用章	上列款项已收妥并划转国库 国库(银行)盖章　20×7 年 12 月 8 日 中国工商银行股份有限公司高新支行 20×7.12.08 转讫 (01)			备注

逾期不缴按税法规定加收滞纳金

第一联　缴款单位作完税凭证

表 3.69　**中华人民共和国税收缴款书** 川地税缴(20×7)第 070236 号　地

经济类型：股份有限公司

行　　业：工业　　　　填发日期：　20×7 年 12 月 8 日　　　　收入机关：高新区地税局

缴款单位	代码	510109876543211		预算科目	款	教育费附加
	全称	成都市康健沐桶股份有限公司			项	010103 国控企
	开户银行	工行高新支行			级次	市级
	账号	424401201234123456			收款国库	市金库
税款所属时期　20×7 年 11 月 1 至 30 日				税款限缴日期　12 月 15 日		
品目名称	课税数量	计税金额或销售收入	税率	已缴或扣除额		实缴金额
增值税		97 360.00	3%			2 920.80
滞纳金	逾期　天　每天按应纳税额加收　%					
人民币合计（大写）	贰仟玖佰贰拾元捌角整					
缴款单位（人）（盖章） 经办人（章）	税务机关（盖章） 填票人（章）	上列款项已收妥并划转国库 国库（银行）盖章　20×7 年 12 月 8 日			备注	

逾期不缴按税法规定加收滞纳金

（印章：成都康健沐桶股份有限公司财务专业章 5101123456789；高新区地方税务局业务专用章；中国工商银行股份有限公司高新支行 20×7.12.08 转讫（01））

第一联　缴款单位作完税凭证

㉛12 月 8 日，公司缴纳上月房产税 816 元，其税收缴款书如表 3.70 所示。

表 3.70　**中华人民共和国税收缴款书** 川地税缴(20×7)第 070237 号　地

经济类型：股份有限公司

行　　业：工业　　　　填发日期：　20×7 年 12 月 8 日　　　　收入机关：高新区地税局

缴款单位	代码	510109876543211		预算科目	款	房产税
	全称	成都市康健沐桶股份有限公司			项	010103 国控企
	开户银行	工行高新支行			级次	市级
	账号	424401201234123456			收款国库	市金库
税款所属时期　20×7 年 11 月 1 至 30 日				税款限缴日期　12 月 15 日		
品目名称	课税数量	计税金额或销售收入	税率	已缴或扣除额		实缴金额
房产税		6 800.00	12%			816.00
滞纳金	逾期　天　每天按应纳税额加收　%					
人民币合计（大写）	捌佰壹拾陆元整					
缴款单位（人）（盖章） 经办人（章）	税务机关（盖章） 填票人（章）	上列款项已收妥并划转国库 国库（银行）盖章　20×7 年 12 月 8 日			备注	

逾期不缴按税法规定加收滞纳金

（印章：成都康健沐桶股份有限公司财务专业章 5101123456789；高新区地方税务局业务专用章；中国工商银行股份有限公司高新支行 20×7.12.08 转讫（01））

第一联　缴款单位作完税凭证

㉜12 月 8 日，公司缴纳代扣个人所得税 645 元，其税收缴款书如表 3.71 所示。

表 3.71　**中华人民共和国税收缴款书** 川地税缴(20×7)第 070238 号　地

经济类型：股份有限公司

行　　业：工业　　　填发日期：　20×7 年 12 月 8 日　　　收入机关：高新区地税局

缴款单位	代码	510109876543211	预算科目	款	个人所得税
	全称	成都市康健沐桶股份有限公司		项	010103 国控企
	开户银行	工行高新支行		级次	市级
	账号	424401201234123456	收款国库		市金库
税款所属时期　20×7 年 11 月 1 至 30 日			税款限缴日期　12 月 15 日		
品目名称	课税数量	计税金额或销售收入	税率	已缴或扣除额	实缴金额
个人所得税					726.00
滞纳金	逾期　天　每天按应纳税额加收　%				
人民币合计（大写）	陆佰捌拾肆元整				
缴款单位（人）（盖章）经办人（章）	税务机关（盖章）填票人（章）	上列款项已收妥并划转国库 国库（银行）盖章　20×7 年 12 月 8 日			备注

逾期不缴按税法规定加收滞纳金

第一联　缴款单位作完税凭证

㉝12 月 8 日，公司缴纳上月企业所得税 50 000 元，其税收缴款书如表 3.72 所示。

表 3.72　**中华人民共和国税收缴款书** 川地税缴(20×7)第 070239 号　地

经济类型：股份有限公司

行　　业：工业　　　填发日期：　20×7 年 12 月 8 日　　　收入机关：高新区地税局

缴款单位	代码	510109876543211	预算科目	款	企业所得税
	全称	成都市康健沐桶股份有限公司		项	010103 国控企
	开户银行	工行高新支行		级次	市级
	账号	424401201234123456	收款国库		市金库
税款所属时期　20×7 年 11 月 1 至 30 日			税款限缴日期　12 月 15 日		
品目名称	课税数量	计税金额或销售收入	税率	已缴或扣除额	实缴金额
企业所得税					50 000.00
滞纳金	逾期　天　每天按应纳税额加收　%				
人民币合计（大写）	伍万元整				
缴款单位（人）（盖章）经办人（章）	税务机关（盖章）填票人（章）	上列款项已收妥并划转国库 国库（银行）盖章　20×7 年 12 月 8 日			备注

逾期不缴按税法规定加收滞纳金

第一联　缴款单位作完税凭证

㉞12 月 8 日，北京朝霞贸易有限公司开给本公司商业汇票到期，开出委托收款通知，其委托收款凭证如表 3.73 所示。

表 3.73　　**中国工商银行委托收款凭证**（回单）1　委托号码：第 1 号

委托日期 20×7 年 12 月 8 日

<table>
<tr><td rowspan="3">收款人</td><td>全称</td><td colspan="3">成都市康健沐桶股份有限公司</td><td rowspan="3">付款人</td><td>全称</td><td colspan="8">北京朝霞贸易有限公司</td><td rowspan="7">此联收款人开户行给收款人的回单</td></tr>
<tr><td>账号</td><td colspan="3">424401201234123456</td><td>账号</td><td colspan="8">820001203656654321</td></tr>
<tr><td>开户行</td><td>工行高新支行</td><td>行号</td><td>302</td><td>开户行</td><td colspan="8">工行海淀支行</td></tr>
<tr><td colspan="2" rowspan="2">托收金额</td><td colspan="5" rowspan="2">人民币（大写）壹拾壹万柒仟元整</td><td>十</td><td>万</td><td>千</td><td>百</td><td>十</td><td>元</td><td>角</td><td>分</td></tr>
<tr><td>1</td><td>1</td><td>7</td><td>0</td><td>0</td><td>0</td><td>0</td><td>0</td></tr>
<tr><td colspan="2">款项内容</td><td>货款</td><td>委收凭据名称</td><td colspan="3">商业汇票</td><td colspan="5">附寄单证张数</td><td colspan="3">2</td></tr>
<tr><td colspan="4">备注
委邮</td><td colspan="5">款项收妥日期
20×7 年 12 月 8 日</td><td colspan="6">收款人
开户行盖章
20×7 年 12 月 8 日</td></tr>
</table>

中国工商银行股份有限公司高新支行
20×7.12.08
转讫
(01)

㉟12 月 9 日，公司拟支付君逸会计师事务所评估费 1 800 元，相关票据如表 3.74 至表 3.76 所示。

表 3.74

中国工商银行

转账支票存根

$\frac{B}{0}\frac{B}{2}$ 01067220

附加信息

出票日期 20×7 年 12 月 09 日

收款人：	君逸会计师事务所
金　额：	1 800.00
用　途：	评估费

单位主管　　　　会计

表 3.75

四川增值税专用发票

5000171164　　　　№ 20792145　5000171164

20792145

发票联

开票日期：20×7 年 12 月 09 日

购买方	名　称：成都市康健沐桶股份有限公司 纳税人识别号：915101098765432119 地 址、电 话：成都市高新区富港路 56 号 85681266 开户行及账户：工行高新支行 424401201234123456					密码区	317＜7+03＞46556+＜18＜02-2+7169*8＞ ＞0145＞4528+563+211/2*-94/302-872＜ 52411＞78＜1144＜+55224+756＜*+＞ 10-528117＜36812＜+521	
货物或应税劳务、服务名称	规格型号	单位	数量	单价	金额		税率	税额
*经纪代理服务*中介服务费					1 747.57		3%	52.43
合计					1 747.57			52.43
价税合计（大写）	⊗壹仟捌佰元整						（小写）¥1 800.00	
销售方	名　称：君逸会计师事务所 纳税人识别号：915101012345612359 地 址、电 话：成都市成功路 8 号 028-85564123 开户行及账户：工行成都成功支行 340506305116756214					备注		

收款人：　　复核：刘杨　　开票人：唐昌　　销售方（章）

税总函[20×7]219 号西安印钞有限公司

第三联：发票联　购买方记账凭证

表 3.76

四川增值税专用发票

5000171164　　　　№ 20792145　5000171164

20792145

抵扣联

开票日期：20×7 年 12 月 09 日

购买方	名　称：成都市康健沐桶股份有限公司 纳税人识别号：915101098765432119 地 址、电 话：成都市高新区富港路 56 号 85681266 开户行及账户：工行高新支行 424401201234123456					密码区	317＜7+03＞46556+＜18＜02-2+7169*8＞ ＞0145＞4528+563+211/2*-94/302-872＜ 52411＞78＜1144＜+55224+756＜*+＞ 10-528117＜36812＜+521	
货物或应税劳务、服务名称	规格型号	单位	数量	单价	金额		税率	税额
*经纪代理服务*中介服务费					1 747.57		3%	52.43
合计					1 747.57			52.43
价税合计（大写）	⊗壹仟捌佰元整						（小写）¥1 800.00	
销售方	名　称：君逸会计师事务所 纳税人识别号：915101012345612359 地 址、电 话：成都市成功路 8 号 028-85564123 开户行及账户：工行成都成功支行 340506305116756214					备注		

收款人：　　复核：刘杨　　开票人：唐昌　　销售方（章）

税总函[2017]219 号西安印钞有限公司

第二联：抵扣联　购买方扣税凭证

㊱12 月 9 日，公司用现金支付刨木机清费 600 元，其发票如表 3.77 所示。

表 3.77

四川增值税普通发票

5000171236

全国统一发票监制章 四川 国家税务总局监制

№ 20001241 5000171236

20001241

发票联

开票日期：　20×7 年 12 月 09 日

购买方	名　　　称：成都市康健沐桶股份有限公司 纳税人识别号：915101098765432119 地 址、电 话：成都市高新区富港路 56 号 85681266 开户行及账户：工行高新支行 424401201234123456	密码区	5214 ＜ 18 ＜ 02-2+7169*8 ＞ ＞ 0145 ＞ 4552317＜3++14*91/2*-94/302-872＜1566 ＞7811＜433＜11+5+756＜*+＞＞46513＜ 3607*211/55222*/2＜24521

货物或应税劳务、服务名称	规格型号	单位	数量	单价	金额	税率	税额
*生活服务*刨木机清理费					582.52	3%	17.48
合计					582.52		17.48
价税合计（大写）	⊗陆佰元整				（小写）¥600.00		

销售方	名　　　称：成都市东盛建安公司 纳税人识别号：915101012345625478 地 址、电 话：成都市华府路 8 号 028-85565489 开户行及账户：工行华府支行 340506305116755148	备注	成都市东盛建安公司 915101012345625478 发票专用章

收款人：　　　　复核：刘睿　　　　开票人：王巧巧　　　　销售方（章）

税总函[2017]219 号西安印钞有限公司

第三联：发票联　购买方记账凭证

㊲12 月 9 日，公司从成都东洋胶业有限公司购入拼板胶 3 000 千克，相关票据如表 3.78至表 3.80 所示。

表 3.78　**成都市康健沐桶股份有限公司原材料入库单**　No. 0000266

供货单位：成都东洋胶业有限公司　　　　入库时间：20×7 年 12 月 09 日

材料编号	材料名称	规格型号	单位	请入数	实入数	实际成本		计划成本		差异额
						单价	金额	单价	金额	
	拼板胶		千克	3 000	3 000					

二　财务

供应负责人：张凡　　　财务：赵晓　　　保管员：李亚希　　　采购：李江

表 3.79

5000171158

四川增值税专用发票

全国统一发票监制章 四川 国家税务总局监制

№ 10421002 5000171158

10421002

发票联

开票日期： 20×7 年 12 月 09 日

税总函[2017]219 号西安印钞有限公司

购买方	名　　　称：成都市康健沐桶股份有限公司 纳税人识别号：915101098765432119 地 址、电 话：成都市高新区富港路 56 号 85681266 开户行及账户：工行高新支行 424401201234123456	密码区	< 415 > 57+1-666+ < 18 < 02-2+ > 521+52101-625253+12025/2 > 2122 > 7 < +522391/2*-94/302-872 < > 78 < 4 < +5+756<52<36253+220<781<2

货物或应税劳务、服务名称	规格型号	单位	数量	单价	金额	税率	税额
*橡胶制品*拼板胶		千克	3 000	52.00	156 000.00	13%	20 280.00
合计					156 000.00		20 280.00
价税合计（大写）	⊗壹拾柒万陆仟贰佰捌拾元整				（小写）¥176 280.00		

销售方	名　　　称：成都东洋胶业有限公司 纳税人识别号：915101043211266236 地 址、电 话：成都市土桥路 158 号 028-87654321 开户行及账户：工行成都土桥支行 400123443215677657	备注	成都东洋胶业有限公司 915101043211266236 发票专用章

收款人：　　　复核：程露　　　开票人：赵前　　　销售方（章）：

第三联：发票联 购买方记账凭证

表 3.80

5000171158

四川增值税专用发票

全国统一发票监制章 四川 国家税务总局监制

№ 10421002 5000171158

10421002

抵扣联

开票日期： 20×7 年 12 月 09 日

税总函[2017]219 号西安印钞有限公司

购买方	名　　　称：成都市康健沐桶股份有限公司 纳税人识别号：915101098765432119 地 址、电 话：成都市高新区富港路 56 号 85681266 开户行及账户：工行高新支行 424401201234123456	密码区	< 415 > 57+1-666+ < 18 < 02-2+ > 521+52101-625253+12025/2 > 2122 > 7 < +522391/2*-94/302-872 < > 78 < 4 < +5+756<52<36253+220<781<2

货物或应税劳务、服务名称	规格型号	单位	数量	单价	金额	税率	税额
*橡胶制品*拼板胶		千克	3 000	52.00	156 000.00	13%	20 280.00
合计					156 000.00		20 280.00
价税合计（大写）	⊗壹拾柒万陆仟贰佰捌拾元整				（小写）¥176 280.00		

销售方	名　　　称：成都东洋胶业有限公司 纳税人识别号：915101043211266236 地 址、电 话：成都市土桥路 158 号 028-87654321 开户行及账户：工行成都土桥支行 400123443215677657	备注	成都东洋胶业有限公司 915101043211266236 发票专用章

收款人：　　　复核：程露　　　开票人：赵前　　　销售方（章）：

第二联：抵扣联 购买方扣税凭证

㊳12 月 10 日，公司从成都高盛不锈钢有限公司购入不锈钢带 25 000 千克，并验收入库，相关票据如表 3.81 至表 3.83 所示。

表 3.81　**成都市康健沐桶股份有限公司原材料入库单**　No. 0000267

供货单位：成都高盛不锈钢有限公司　　入库时间：20×7 年 12 月 10 日

材料编号	材料名称	规格型号	单位	请入数	实入数	实际成本		计划成本		差异额
						单价	金额	单价	金额	
	不锈钢带		千克	25 000	25 000					

二　财务

供应负责人：张凡　　财务：赵晓　　保管员：李亚希　　采购：李江

表 3.82

四川增值税专用发票

5000171158　　№ 20112568　5000171158

20112568

全国统一发票监制章　四川　国家税务总局监制

发票联　　开票日期：20×7 年 12 月 09 日

购买方
名　　称：成都市康健沐桶股份有限公司
纳税人识别号：915101098765432119
地 址、电 话：成都市高新区富港路 56 号 85681266
开户行及账户：工行高新支行 424401201234123456

密码区
60780***6+<12-2+<718<069*8>>0145
>452**2517<3791/2*-94/302-87>78<4
<+5+756<*+>>4651<036072<81<2>
<5526+526384

货物或应税劳务、服务名称	规格型号	单位	数量	单价	金额	税率	税额
不锈钢带		千克	25 000	16.50	412 500.00	13%	53 625.00
合计					412 500.00		53 625.00

价税合计（大写）　⊗肆拾陆万陆仟壹佰贰拾伍元整　　（小写）¥466 125.00

销售方
名　　称：成都高盛不锈钢有限公司
纳税人识别号：915101543211234558
地 址、电 话：成都双流县庆丰 123 号（028）82345678
开户行及账户：工行庆丰支行 424409876543211234

备注

成都高盛不锈钢有限公司　915101543211234558　发票专用章

收款人：　　复核：杨鑫　　开票人：张露　　销售方（章）

税总函[2017]219 号西安印钞有限公司

第三联：发票联　购买方记账凭证

表 3.83

四 川 增 值 税 专 用 发 票

5000171158　　　　№ 20112568 5000171158

20112568

抵 扣 联　　　　开票日期：　20×7 年 12 月 09 日

购买方	名　　称：成都市康健沐桶股份有限公司 纳税人识别号：915101098765432119 地 址、电 话：成都市高新区富港路 56 号 85681266 开户行及账户：工行高新支行 424401201234123456				密码区	60780***6+<12-2+<718<069*8>>0145 >452**2517<3791/2*-94/302-87>78<4 <+5+756<*+>>4651<036072<81<2> <5526+526384	

货物或应税劳务、服务名称	规格型号	单位	数量	单价	金额	税率	税额
不锈钢带		千克	25 000	16.50	412 500.00	13%	53 625.00
合计					412 500.00		53 625.00
价税合计（大写）	⊗肆拾陆万陆仟壹佰贰拾伍元整				（小写）￥466 125.00		

销售方	名　　称：成都高盛不锈钢有限公司 纳税人识别号：915101543211234558 地 址、电 话：成都双流县庆丰 123 号（028）82345678 开户行及账户：工行庆丰支行 424409876543211234	备注	

收款人：　　　　复核：杨鑫　　　　开票人：张露　　　　销售方（章）

税总函[2017]219 号西安印钞有限公司

第二联：发票联　购买方扣税凭证

㊴12 月 11 日，公司清理刨木机，并收到锦江废旧物资公司交来残值收入 1 000 元，相关票据如表 3.84、表 3.85 所示。

表 3.84　　**中国工商银行　进账单　（收账通知）**

20×7 年 12 月 11 日

出票人	全　称	红光废旧物资公司	收款人	全称	成都市康健沐桶股份有限公司
	账　号	590101110922		账号	424401201234123456
	开户银行	工行工业港支行		开户银行	工行高新支行
金额	人民币（大写）壹仟元整			亿千百十万千百十元角分	￥1 0 0 0 0 0
票据种类	支票	票据张数			
票据号码	00202395				
	复核　记账			开户银行签章	中国工商银行股份有限公司工业港支行 20×7.12.11 转讫 (01)

B130-1(175*85mm)2017.9

此联是收款人开户银行交给收款人的收账通知

表 3.85

四川增值税专用发票

5100171130　　　　№20792567　5100171130
20792567

记账联　　　　开票日期：　20×7 年 12 月 11 日

（监制章：全国统一发票监制章　四川　国家税务总局监制）

购买方	名　　称：红光废旧物资公司 纳税人识别号：915901011109228125 地 址、电 话：成都市红光路 78 号　028-65261254 开户行及账户：工行工业港支行 240006502548					密码区	78＜47++＜18＜02-2+7169*8＞＞0145＞ 452+62357＜36/523+63-94/302-872＜＞＜ +5+756＜＞46510-52833*+＞3117＜356112 ＜521+638
货物或应税劳务、服务名称	规格型号	单位	数量	单价	金额	税率	税额
*日用杂品*废品					884.96	3%	115.04
合计					884.96		115.04
价税合计（大写）	⊗壹仟元整				（小写）¥1 000.00		
销售方	名　　称：成都市康健沐桶股份有限公司 纳税人识别号：915101098765432119 地 址、电 话：成都市高新区富港路 56 号　85681266 开户行及账户：工行高新支行 424401201234123456				备注		

收款人：　王小玲　　　复核：李群　　　开票人：郑雪　　　销售方（章）：

（印章：成都市康健沐桶股份有限公司　915101098765432119　发票专用章）

税总函[2015]219 号东港股份有限公司

第一联：记账联　销售方记账凭证

⑩12 月 11 日，公司将上海易达贸易有限公司汇票申请贴现，月贴现率 0.6%，款已入账，相关票据如表 3.86、表 3.87 所示。

表 3.86　　**中国工商银行贴现凭证**（收账通知）4

填写日期：　20×7 年 12 月 11 日　　　　　　第　　号

贴现汇票	种类	无息银行承兑汇票		申请人	名称	康健沐桶股份有限公司	
	发票日	20×7 年 12 月 4 日			账号	424401201234	
	到期日	20×8 年 3 月 4 日			开户行	工行高新支行	
汇票承兑人	名称	上海易达贸易有限公司	账号	560007801234	开户行	建行杨浦支行	

汇票金额（即贴现金额）	人民币（大写）肆拾肆万零捌佰元整	十	万	千	百	十	元	角	分
		4	4	0	8	0	0	0	0

贴现率%	贴现利息	万	千	百	十	元	角	分	实付金额	十	万	千	百	十	元	角	分
			7	3	1	7	2	8		4	3	3	4	8	2	7	2

上述款项已入你单位账户。 此致 （银行盖章） 20×7 年 12 月 11 日	备注：

（印章：中国工商银行股份有限公司高新支行　20×7.12.11　(01)）

表 3.87

中国工商银行
承兑汇票贴现申请书

JRDT22

现贴编号：12372

我单位遵守中国人民银行“商业汇票办法”的一切规定，并以下列承兑汇票向工行申请贴现贴票据如下：

票据关系单位		地址	开户银行全称	账号
收款单位全称	成都市康健沐桶股份有限公司	成都市高新区富港路 56 号	工行高新支行	424401201234
付款单位全称	上海易达贸易有限公司	上海市杨浦区通北路 78 号	建行杨浦支行	560007801234

申请贴现汇票共 1 张，其中：商业承兑汇票 0 张，银行承兑汇票 1 张

汇票起讫日期		实现贴现日期	月利率	汇票号码	汇票金额	承兑单位或银行
发票日	到期日					
20×7年 12 月 4 日	20×8年 3 月 4 日	83	6‰	Ⅶ 06796834	444 600.00	工行高新支行
年 月 日	年 月 日					
年 月 日	年 月 日					
申请贴现金额		437 219.64	核定贴现金额（银行）			437 219.64

企业财务状况　　单位：万元、%

项目	上月末实际	项目	上月末实际	项目	上年实际	上月末累计
(一)流动资产合计		(一)流动负债		销售收入		
(1)货币资金		(1)短期借款		销售成本		
(2)短期投资		(2)应付款项		利润总额		
(3)应收款项		(二)长期负债合计				
(4)存货		(1)长期借款		资产负债率		
(二)长期投资合计		(三)权益合计		流动比率		
(三)固定资产合计		(1)实收资本		速动比率		
(四)无形递延合计		(2)资本公积		存货周转率		
		(3)留存收益		销售利润率		
总　计						

申请贴现的原因和用途

保证企业生产，保证资金运转 申请单位：成都市康健沐桶股份有限公司 （公章）	申请单位法人代表：赵卫康 （签章） 20×7 年 12 月 11 日

成都康健沐桶股份有限公司 财务专用章 0101123456789

㊶12 月 11 日，公司结转刨木机清理净损益，固定资产清理净损益计算表如表 3.88 所示。

表 3.88

固定资产清理净损益计算表

20×7 年 12 月 11 日　　金额单位：元

固定资产名称	原值	已提折旧	已提减值准备	账面价值	清理收入	清理费用	清理净损益

㊷12 月 12 日,240 立方米木板材加工完成,公司验收入库,相关票据如表 3.89 至表 3.94 所示。

表 3.89

四川增值税专用发票

5000171858　　　№ 60000525　5000171858

60000525

发票联　　　　开票日期：　20×7 年 12 月 12 日

购买方	名　　称：成都市康健沐桶股份有限公司 纳税人识别号：915101098765432119 地 址、电 话：成都市高新区富港路 56 号 85681266 开户行及账户：工行高新支行 424401201234123456	密码区	812<>7+0356+<18<02-2+7169*8>> 01452 < 2833 < < 117 < 6+2633453 < 3607814791/2*-94/302-872<>78<4< +5+*5<*+>>46510-517<35

货物或应税劳务、服务名称	规格型号	单位	数量	单价	金额	税率	税额
*劳务*加工费			240	150.00	36 000.00	13%	4 680.00
合计					36 000.00		4 680.00
价税合计（大写）	⊗肆万零仟陆佰捌拾元整						（小写）¥40 680.00

销售方	名　　称：成都丰裕木板加工厂 纳税人识别号：915101543219876558 地 址、电 话：成都市华阳镇 654 号 028-84634328 开户行及账户：工行华阳镇支行 432156323440125326	备注	

收款人：　　　复核：任国志　　　开票人：楚晓东　　　销售方（章）：

税总函[2017]219 号西安印钞有限公司

第三联：发票联　购买方记账凭证

表 3.90

四川增值税专用发票

5000171858　　　№ 60000525　5000171858

60000525

抵扣联　　　　开票日期：　20×7 年 12 月 12 日

购买方	名　　称：成都市康健沐桶股份有限公司 纳税人识别号：915101098765432119 地 址、电 话：成都市高新区富港路 56 号 85681266 开户行及账户：工行高新支行 424401201234123456	密码区	812<>7+0356+<18<02-2+7169*8>> 01452 < 2833 < < 117 < 6+2633453 < 3607814791/2*-94/302-872<>78<4< +5+*5<*+>>46510-517<35

货物或应税劳务、服务名称	规格型号	单位	数量	单价	金额	税率	税额
*劳务*加工费			240	150.00	36 000.00	13%	4 680.00
合计					36 000.00		4 680.00
价税合计（大写）	⊗肆万零仟陆佰捌拾元整						（小写）¥40 680.00

销售方	名　　称：成都丰裕木板加工厂 纳税人识别号：915101543219876558 地 址、电 话：成都市华阳镇 654 号 028-84634328 开户行及账户：工行华阳镇支行 432156323440125326	备注	

收款人：　　　复核：任国志　　　开票人：楚晓东　　　销售方（章）：

税总函[2017]219 号西安印钞有限公司

第二联：抵扣联　购买方扣税凭证

表 3.91

5000171128

四川增值税专用发票

№ 20791152 5000171128

20791152

发票联

开票日期：　20×7 年 12 月 12 日

购买方	名　　称：成都市康健沐桶股份有限公司 纳税人识别号：915101098765432119 地 址、电 话：成都市高新区富港路 56 号 85681266 开户行及账户：工行高新支行 424401201234123456				密码区	791/7+0+6250＜18＜02-2+7169*8＞＞0145 ＞4525+621＜36*623--12230-94/3+6172＜ ＞+23323＜49612-6＜*07812+＞＞ 46-52817＜36＜3331＞5510	
货物或应税劳务、服务名称	规格型号	单位	数量	单价	金额	税率	税额
*运输服务*运输费					1 100.90	9%	99.10
合计					1 100.90		99.10
价税合计（大写）	⊗壹仟贰佰元整				（小写）¥1 200.00		
销售方	名　　称：成都市海达物流有限公司 纳税人识别号：915101068945321382 地 址、电 话：成都市金牛区西城路 18 号（028）83452541 开户行及账户：农行金牛支行 456789012312548				备注	货物名称：木板材 起运地：成都 到达地：成都 车牌号：货车川A 357E2	

收款人：　　　　复核：刘诚信　　　　开票人：李江达　　　　销售方（章）：

第三联：发票联　购买方记账凭证

税总函[2017]219 号西安印钞有限公司

表 3.92

5000171128

四川增值税专用发票

№ 20791152 5000171128

20791152

抵扣联

开票日期：　20×7 年 12 月 12 日

购买方	名　　称：成都市康健沐桶股份有限公司 纳税人识别号：915101098765432119 地 址、电 话：成都市高新区富港路 56 号 85681266 开户行及账户：工行高新支行 424401201234123456				密码区	791/7+0+6250＜18＜02-2+7169*8＞＞0145 ＞4525+621＜36*623--12230-94/3+6172＜ ＞+23323＜49612-6＜*07812+＞＞ 46-52817＜36＜3331＞5510	
货物或应税劳务、服务名称	规格型号	单位	数量	单价	金额	税率	税额
*运输服务*运输费					1 100.90	9%	99.10
合计					1 100.90		99.10
价税合计（大写）	⊗壹仟贰佰元整				（小写）¥1 200.00		
销售方	名　　称：成都市海达物流有限公司 纳税人识别号：915101068945321382 地 址、电 话：成都市金牛区西城路 18 号（028）83452541 开户行及账户：农行金牛支行 456789012312548				备注	货物名称：木板材 起运地：成都 到达地：成都 车牌号：货车川A 357E2	

收款人：　　　　复核：刘诚信　　　　开票人：李江达　　　　销售方（章）：

第二联：抵扣联　购买方扣税凭证

税总函[2017]219 号西安印钞有限公司

表 3.93

中国工商银行

转账支票存根

$\frac{B}{0}\frac{B}{2}$ 01067221

附加信息

出票日期 20×7 年 12 月 12 日

收款人：	成都市海达物流有限公司
金　额：	1 200.00
用　途：	支付运费

单位主管　　　会计

表 3.94 **成都市康健沐桶股份有限公司委托加工品验收单** No. 0001521

20×7 年 12 月 12 日

入库部门	销售部			验收部门	仓库			
材料编号	名称	规格	单位	入库数	实收数	单价	金额	
	木板材		立方米	240	240			二
用　途								财务
委外厂家名	账号		税号		电话		联系人	
成都丰裕木板加工厂	432156323440125326		915101543219876558		028-84634328		邓平安	

㊸12 月 14 日，加工车间领用木板材 100 立方米，拼板胶 1 300 千克，不锈钢带 10 000千克；油漆车间领用油漆 6 000 千克；包装车间领用纸箱 1 号 300 个，纸箱 2 号 800 个。相关票据如表 3.95 至表 3.100 所示。

表 3.95 **成都市康健沐桶股份有限公司原材料领用单** No. 0000817

领用部门：加工车间　　　　领用时间：20×7 年 12 月 14 日

用途：								
材料编号	材料名称	规格型号	单位	请领数	实发数	单价	金额	
	木板材		立方米	100	100			二
								财务

供应负责人：张凡　　领用负责人：唐开富　　保管员：李亚希　　领料人：江琴

表 3.96　**成都市康健沐桶股份有限公司原材料领用单**　No. 0000818

领用部门：加工车间　　　　领用时间：20×7 年 12 月 14 日

用途：							
材料编号	材料名称	规格型号	单位	请领数	实发数	单价	金额
	拼板胶		千克	1 300	1 300		

二 财务

供应负责人：张凡　　领用负责人：唐开富　　保管员：李亚希　　领料人：江琴

表 3.97　**成都市康健沐桶股份有限公司原材料领用单**　No. 0000819

领用部门：加工车间　　　　领用时间：20×7 年 12 月 14 日

用途：							
材料编号	材料名称	规格型号	单位	请领数	实发数	单价	金额
	不锈钢带		千克	10 000	10 000		

二 财务

供应负责人：张凡　　领用负责人：唐开富　　保管员：李亚希　　领料人：江琴

表 3.98　**成都市康健沐桶股份有限公司原材料领用单**　No. 0000820

领用部门：油漆车间　　　　领用时间：20×7 年 12 月 14 日

用途：							
材料编号	材料名称	规格型号	单位	请领数	实发数	单价	金额
	油漆		千克	6 000	6 000		

二 财务

供应负责人：张凡　　领用负责人：卫中庆　　保管员：李亚希　　领料人：刘峰

表 3.99　**成都市康健沐桶股份有限公司原材料领用单**　No. 0000821

领用部门：包装车间　　　　领用时间：20×7 年 12 月 14 日

用途：							
材料编号	材料名称	规格型号	单位	请领数	实发数	单价	金额
	纸箱 1 号		个	300	300		

二 财务

供应负责人：张凡　　领用负责人：易红军　　保管员：李亚希　　领料人：王笑天

表 3. 100　**成都市康健沐桶股份有限公司原材料领用单**　No. 0000822

领用部门：包装车间　　领用时间：20×7 年 12 月 14 日

用途：							
材料编号	材料名称	规格型号	单位	请领数	实发数	单价	金额
	纸箱 2 号		个	800	800		

二 财务

供应负责人：张凡　领用负责人：易红军　保管员：李亚希　领料人：王笑天

㊹12 月 14 日，公司收回上年已作坏账处理的兴源公司应收账款 30 000 元，中国工商银行进账单如表 3. 101 所示。

表 3. 101

中国工商银行　进账单　（收账通知）

20×7 年 12 月 14 日

出票人	全　称	兴源公司	收款人	全称	成都市康健沐桶股份有限公司
	账　号	440012345678954321		账号	424401201234123456
	开户银行	工行双流县支行		开户银行	工行高新支行
金额	人民币（大写）叁万元整			亿千百十万千百十元角分	¥3000000
票据种类	支票	票据张数 1			
票据号码	00204532				
复核　记账				开户银行签章	中国工商银行股份有限公司工业港支行 20×7.12.14 转讫 (01)

B130-1(175*85mm)2016.9

此联是收款人开户银行交给收款人的收账通知

㊺12 月 14 日，公司开出现金支票 3 000 元，提现备用，现金支票存根如表 3.102 所示。

表 3.102

中国工商银行

现金支票存根

$\frac{B}{0}\frac{B}{2}$ 02089322

附加信息

出票日期 20×7 年 12 月 14 日

收款人：成都市康健沐桶股份有限公司	
金　额：3 000.00	
用　途：提现备用	

单位主管　　　　会计

㊻12 月 14 日，公司向成都高盛不锈钢有限公司支付购不锈钢带余款及手续费，转账支票存根如表 3.103 所示。

表 3.103

中国工商银行

转账支票存根

$\frac{B}{0}\frac{B}{2}$ 01067222

附加信息

出票日期 20×7 年 12 月 14 日

收款人：成都高盛不锈钢有限公司	
金　额：278 500.00	
用　途：补付货款	

单位主管　　　　会计

㊼12 月 14 日，公司委托上海佳美超市代销浴足盆 1 000 只，沐浴桶 500 只，手续费按不含税收入的 8%支付。货已发出。委托代销协议略，发货单如表 3. 104 所示。

表 3. 104 成都市康健沐桶股份有限公司发货单 No. 0000201

20×7 年 12 月 14 日

编号	名称	规格	单位	数量		单价	金额	备注
				应发	实发			
	浴足盆		只	1 000	1 000			
	沐浴桶		只	500	500			

二 财务

记账：赵晓　仓库主管：王洁　保管：李亚希　制单：张芳

㊽12 月 14 日，公司收到上海丽华洁具有限公司的货款，已扣除 2%现金折扣，中国工商银行进账单如表 3. 105 所示。

表 3. 105 中国工商银行　进账单　（收账通知）

20×7 年 12 月 14 日

出票人	全　称	上海丽华洁具有限公司	收款人	全称	成都市康健沐桶股份有限公司
	账　号	560006502517		账号	424401201234123456
	开户银行	建行西安支行		开户银行	工行高新支行
金额	人民币（大写）肆拾玖万玖仟伍佰元整			亿千百十万千百十元角分	￥499 500 00
票据种类	支票	票据张数	1		
票据号码	00202408				
复核　记账				开户银行签章	中国工商银行股份有限公司工业港支行 20×7.12.14 转讫 (01)

B130-1(175*85mm)2017.9

此联是收款人开户银行交给收款人的收账通知

㊾12 月 14 日，公司向社保局支付 11 月社保，单位及个人缴纳社保如表 3.106 所示。

表 3.106　　　　单位及个人缴纳社保

公司名称：成都市康健沐桶股份有限公司	交易名称：代理社保缴费
单位编号：395	交易日期：20×7 年 12 月 14 日
金额大写：人民币壹拾肆万玖仟肆佰玖拾玖元贰角整	用途：代扣缴纳社保缴费
交易金额：124 883.80	（五险信息）
单位缴纳：87 772.80	养老保险：85 632.00
个人缴纳：37 111.00	失业保险：3 571.80
第一次打印	医疗保险：30 328.00
缴费年月：20×7 年 11 月	生育保险：2 854.40
开户行签章	工伤保险：2 497.60

（印章：中国工商银行股份有限公司工业港支行 20×7.12.14 转讫 (01)）

㊿12 月 15 日，采购员杨天从绵阳购买油漆 6 000 千克，用银行汇票支付，由成都市海达物流有限公司运输，运费为 3 200 元，相关票据如表 3.107 至表 3.112 所示。

表 3.107

四川增值税专用发票

5106172130　　　　№ 60029836　5106172130　60029836

发票联

开票日期：20×7 年 12 月 15 日

购买方	名　　称：成都市康健沐桶股份有限公司 纳税人识别号：915101098765432119 地 址、电 话：成都市高新区富港路 56 号 85681266 开户行及账户：工行高新支行 424401201234123456				密码区	1+34556+＜38＜02-2+7169*8＞＞0703＞ 4528333117 ＜ 1207814791/2*-94/302-872 ＜ ＞ 18 ＜ 4 ＜ +5+756 ＜ *+ ＞ ＞ 46510-528333117<7654321<>5	
货物或应税劳务、服务名称	规格型号	单位	数量	单价	金额	税率	税额
*涂料*油漆		千克	6 000	18.50	111 000.00	13%	14 430.00
合计					111 000.00		14 430.00
价税合计（大写）	⊗壹拾贰万伍仟肆佰叁拾元整				（小写）¥125 430.00		
销售方	名　　称：绵阳鑫源化工有限公司 纳税人识别号：91510696548712322Y 地 址、电 话：绵阳科创园区 25 号（0816）29881881 开户行及账号：工行科创园区支行 321010256987452566				备注		

收款人：张浩　　复核：李三国　　开票人：刘佳　　销货单位（章）

（印章：绵阳鑫源化工有限公司 91510696548712322Y 发票专用章）

税总函[2017]219 号西安印钞有限公司

第三联：发票联 购买方记账凭证

表 3.108

四川增值税专用发票

5106172130 № 60029836 5106172130 60029836

抵扣联

开票日期：20×7年12月15日

购买方	名　　称：成都市康健沐桶股份有限公司 纳税人识别号：915101098765432119 地 址、电 话：成都市高新区富港路56号85681266 开户行及账户：工行高新支行424401201234123456				密码区	1+34556+＜38＜02-2+7169*8＞＞0703＞ 4528333117＜1207814791/2*-94/302-872 ＜＞18＜4＜+5+756＜*+＞＞ 46510-528333117＜7654321＜＞5	
货物或应税劳务、服务名称	规格型号	单位	数量	单价	金额	税率	税额
*涂料*油漆		千克	6 000	18.50	111 000.00	13%	14 430.00
合计					111 000.00		14 430.00
价税合计（大写）	⊗壹拾贰万伍仟肆佰叁拾元整				（小写）￥125 430.00		
销售方	名　　称：绵阳鑫源化工有限公司 纳税人识别号：91510696548712322Y 地 址、电 话：绵阳科创园区25号（0816）29881881 开户行及账号：工行科创园区支行321010256987452566				备注		

收款人：张浩　　复核：李三国　　开票人：刘佳　　销货单位（章）

第二联：抵扣联　购买方扣税凭证

税总函[2017]219号西安印钞有限公司

（印章：全国统一发票监制章 四川 国家税务总局监制；绵阳鑫源化工有限公司 91510696548712322Y 发票专用章）

表 3.109

四川增值税专用发票

5101174130 № 00036205 5101174130 00036205

发票联

开票日期：20×7年12月15日

购买方	名　　称：成都市康健沐桶股份有限公司 纳税人识别号：915101098765432119 地 址、电 话：成都市高新区富港路56号85681266 开户行及账户：工行高新支行424401201234123456				密码区	2+66553+＜38＜02-2+1236*8＞＞0703＞ 4123433117＜1223314791/2*-94/302-872 ＜＞18＜4＜+5+756＜*+＞＞ 46510-987333117＜1122334＜＞5	
货物或应税劳务、服务名称	规格型号	单位	数量	单价	金额	税率	税额
*运输服务*运输费					2 935.78	9%	264.22
合计					2 935.78		264.22
价税合计（大写）	⊗叁仟贰佰元整				（小写）￥3 200.00		
销售方	名　　称：成都市海达物流有限公司 纳税人识别号：915101068945321382 地 址、电 话：成都市金牛区西城路18号（028）83452541 开户行及账号：农行金牛支行456789012312568				备注	货物名称：油漆 起运地：成都 到达地：成都 车牌号：货车川A 625Q3	

收款人：柳青青　　复核：张寒　　开票人：柳青青　　销货单位（章）

第三联：发票联　购买方记账凭证

税总函[2017]219号西安印钞有限公司

（印章：全国统一发票监制章 四川 国家税务总局监制；成都市海达物流有限公司 915101068945321382 发票专用章）

表 3.110

5101174130　　　　四川增值税专用发票　　　　№ 00036205　5101174130 00036205

抵扣联　　　　开票日期：20×7 年 12 月 15 日

购买方	名　　称：成都市康健沐桶股份有限公司 纳税人识别号：915101098765432119 地 址、电 话：成都市高新区富港路 56 号 85681266 开户行及账户：工行高新支行 424401201234123456				密码区	2+66553+＜38＜02-2+1236*8＞＞0703＞ 4123433117 ＜ 1223314791/2*-94/302-872 ＜ ＞ 18 ＜ 4 ＜ +5+756 ＜ *+ ＞ ＞ 46510-987333117＜1122334＜＞5	
货物或应税劳务、服务名称	规格型号	单位	数量	单价	金额	税率	税额
*运输服务*运输费					2 935.78	9%	264.22
合计					2 935.78		264.22
价税合计（大写）	⊗叁仟贰佰元整				（小写）¥3 200.00		
销售方	名　　称：成都市海达物流有限公司 纳税人识别号：915101068945321382 地 址、电 话：成都市金牛区西城路18号（028）83452541 开户行及账号：农行金牛支行456789012312568				备注	货物名称：油漆 起运地：成都 到达地：成都 车牌号：货车川A 625Q3	

收款人：柳青青　　　复核：张寒　　　开票人：柳青青　　　销货单位（章）

税总函[2017]219 号西安印钞有限公司

第二联：抵扣联　购买方扣税凭证

表 3.111

中国工商银行

转账支票存根

B/0 B/2　01067223

附加信息

出票日期 20×7 年 12 月 15 日

收款人：成都市海达物流有限公司
金　额：3 200.00
用　途：支付运费

单位主管　　　　会计

表 3.112　　**成都市康健沐桶股份有限公司原材料入库单**　　No. 0000268

供货单位：绵阳鑫源化工有限公司　　入库时间：20×7 年 12 月 15 日

材料编号	材料名称	规格型号	单位	请入数	实入数	实际成本		计划成本		差异额
						单价	金额	单价	金额	
	油漆		千克	6 000	6 000					

二　财务

供应负责人：张凡　　财务：赵晓　　保管员：李亚希　　采购：李江

㊿12 月 15 日，公司将大客车与兴望机械厂的一间位于市区的门面房进行交换，该大客车公允价值 300 000 元，原值 400 000 元，已提折旧 80 000 元，门面房的公允价值为 300 000 元。该交换具有商业实质，收到的门面房用于出租。用银行存款支付增值税差额 6 000 元，相关票据如表 3.113 至表 3.117 所示。

表 3.113　　**固定资产调拨单**

调出单位：成都市康健沐桶股份有限公司

调入单位：兴望机械厂

资产编号	0088101	资产原值	400 000.00
资产名称	大客车	资产净值	320 000.00
始用日期	20×5 年	调拨价格	300 000.00
调出原因	交换		
调出单位意见 同意 负责人：张丽 20×7. 12. 15	调出单位资产管理部门意见 同意。负责人：李海涛　20×7 年 12 月 15 日 调出单位资产管理部门意见 同意。　负责人：赵晓　20×7 年 12 月 15 日	调入单位意见 同意接受 负责人：赵卫康 20×7 年 12 月 15 日	

第二联　调出单位财务部门

表 3.114

中国工商银行

转账支票存根

$\frac{B}{0}\frac{B}{2}$ 01067224

附加信息

出票日期 20×7 年 12 月 15 日

收款人：兴望机械厂
金　额：6 000.00
用　途：补差价

单位主管　　会计

表 3.115

四川增值税专用发票

5100171120

№ 00152013　5100171120　00152013

记账联

机器编号：499099880911　　开票日期：20×7 年 12 月 15 日

购买方	名称：兴望机械厂 纳税人识别号：91510103210102887P 地址、电话：四川成都市胜利路 56 号 028-86689688 开户行及账户：工行胜利支行 424401206789125832				密码区	012＞013*1+／7449+＞／5*534**69＜5+ ＞7+0+*／++*35／8／+08-＜330-90685 ＞913*1+／7449+＞1-＞＞5＜*／＜+＞ 6-614012-4506＞／5471＞＞11	
货物或应税劳务、服务名称	规格型号	单位	数量	单价	金额	税率	税额
*机动车*大客车		辆	1	300 000.00	300 000.00	3%	9 000.00
合计					300 000.00		9 000.00
价税合计（大写）	⊗叁拾万零玖仟元整					（小写）¥309 000.00	
销售方	名称：成都市康健沐桶股份有限公司 纳税人识别号：915101098765432119 地址、电话：成都市高新区富港路 56 号 85681266 开户行及账户：工行高新支行 424401201234123456				备注		

收款人：　　复核：李群　　开票人：郑雪　　销售方（章）：

税总函[2015]219 号东港股份有限公司

第一联：记账联　销售方记账凭证

表 3.116

四川增值税专用发票

5101174150

№ 00153156　5101174150　00153156

发票联

机器编号：112099880833　　开票日期：20×7 年 12 月 15 日

购买方	名称：成都市康健沐桶股份有限公司 纳税人识别号：915101098765432119 地址、电话：成都市高新区富港路 56 号 85681266 开户行及账户：工行高新支行 424401201234123456				密码区	985＞813*1+／7449+＞／5*534**69＜5+ ＞7+0+*／++*35／8／+08-＜330-90685 ＞913*1+／7449+＞1-＞＞5＜*／＜+＞ 6-614012-4506＞／5471＞＞22	
货物或应税劳务、服务名称	规格型号	单位	数量	单价	金额	税率	税额
*不动产*商品房（成房权证监证第10010429号）		平方米	100	3 000.00	300 000.00	5%	15 000.00
合计					300 000.00		15 000.00
价税合计（大写）	⊗叁拾壹万伍仟元整					（小写）¥315 000.00	
销售方	名称：兴望机械厂 纳税人识别号：91510103210102887P 地址、电话：四川成都市胜利路 56 号 028-86689688 开户行及账户：工行胜利支行 424401206789125832				备注	成都市高新区富港路鑫天佳园 5 号楼 1 层 101	

收款人：唐丹　　复核：王芳　　开票人：唐薇　　销售方（章）：

税总函[2015]219 号东港股份有限公司

第三联：发票联　购买方记账凭证

表 3.117

四川增值税专用发票

5101174150　　　　　　　　　　№ 00153156　5101174150

00153156

抵扣联

机器编号：112099880833　　　　开票日期：20×7年12月15日

购买方	名　　称：成都市康健沐桶股份有限公司 纳税人识别号：915101098765432119 地 址、电 话：成都市高新区富港路56号85681266 开户行及账户：工行高新支行424401201234123456				密码区	985＞813*1+／7449+＞／5*534**69＜5+ ＞7+0+*／++*35／8／+08-＜330-90685 ＞913*1+／7449+＞1-＞＞5＜*／＜+＞ 6-614012-4506＞／5471＞＞22	
货物或应税劳务、服务名称	规格型号	单位	数量	单价	金额	税率	税额
*不动产*商品房（成房权证监证第10010429号）		平方米	100	2 857.15	28 5715.00	5%	14 285.00
合计					28 5715.00		14 285.00
价税合计（大写）	⊗叁拾万元整				（小写）￥300 000.00		
销售方	名　　称：兴望机械厂 纳税人识别号：91510103210102887P 地 址、电 话：四川成都市胜利路56号028-86689688 开户行及账户：工行胜利支行424401206789125832				备注	成都市高新区富港路鑫天佳园5号楼1层101	

收款人：李芳　　复核：张峰　　开票人：易城　　销货单位（章）

税总函[2017]219号西安印钞股份有限公司

第二联：抵扣联　购买方扣税凭证

（印章：全国统一发票监制章　四川　国家税务总局监制；兴望机械厂　91510103210102887P　发票专用章）

㊾12月15日，公司向上海易达贸易有限公司销售浴足盆800只，沐浴桶300只，货款未收，相关票据如表3.118、表3.119所示。

表 3.118

四川增值税专用发票

5100171130　　　　　　　　　　№ 20792568　5100171130

20792568

记账联

开票日期：20×7年12月15日

购买方	名　　称：上海易达贸易有限公司 纳税人识别号：913101987654321188 地 址、电 话：上海市杨浦区通北路78号021-59788855 开户行及账户：建行杨浦支行560007801234				密码区	035＞913*1+／7449+＞／5*534**69＜5+ ＞7+0+*／++*35／8／+08-＜330-90685 ＞913*1+／7449+＞1-＞＞5＜*／＜+＞ 6-614012-4506＞／5471＞＞99	
货物或应税劳务、服务名称	规格型号	单位	数量	单价	金额	税率	税额
*日杂用品*浴足盆		只	800	190.00	152 000.00	13%	19 760.00
*日杂用品*沐浴桶		只	300	1 500.00	450 000.00	13%	58 500.00
合计					602 000.00		78 260.00
价税合计（大写）	⊗陆拾捌万零仟贰佰陆拾元整				（小写）￥680 260.00		
销售方	名　　称：成都市康健沐桶股份有限公司 纳税人识别号：915101098765432119 地 址、电 话：成都市高新区富港路56号85681266 开户行及账户：工行高新支行424401201234123456				备注		

收款人：王小玲　　复核：李群　　开票人：郑雪　　销售方（章）：

税总函[2015]219号东港股份有限公司

第一联：记账联　销售方记账凭证

（印章：全国统一发票监制章　四川　国家税务总局监制；成都市康健沐桶股份有限公司　915101098765432119　发票专用章）

表 3.119　　**成都市康健沐桶股份有限公司发货单**　　No. 0000202

20×7 年 12 月 15 日

编号	名称	规格	单位	数量		单价	金额	备注
				应发	实发			
	浴足盆		只	800	800			
	沐浴桶		只	300	300			

二
财务

记账：赵晓　　仓库主管：王洁　　保管：李亚希　　制单：张芳

㊾12 月 16 日，采购员杨天报销差旅费，相关票据如表 3.120 至表 3.122 所示。

表 3.120　　**成都康健沐桶股份有限公司差旅费报销单**

预借金额：2 000. 00　实报金额：1 040. 00　应补（退）金额：960. 00

报账日期：20×7 年 12 月 16 日　　附件 6

部门		办公室		姓名	杨天		出差事由	到绵阳采购油漆		
起止日期				起止地点	车船费	住宿费	补贴	其他	合计	说明事项
月	日	月	日							
12	8	12	14	成都—绵阳	80. 00	600. 00	360. 00		1 040. 00	
				合　计	80. 00	600. 00	360. 00		1 040. 00	
报销金额合计（大写）壹仟零肆拾元整										

公司负责人：　　部门负责人：张凡　　审核：王成　　会计：赵君　　出差人：杨天

表 3.121

四川增值税专用发票

5106171130　　　　　　　　　　№ 20123456　5106171130
20123456

发票联

开票日期：　20×7 年 12 月 14 日

购买方	名　　称：成都市康健沐桶股份有限公司 纳税人识别号：915101098765432119 地 址、电 话：成都市高新区富港路 56 号 85681266 开户行及账户：工行高新支行 424401201234123456	密码区	7+1633+＜18＜02-2+7169*8＞＞0703＞ 4528333117＜3607814791/2*-94/302-872 ＜ ＞ 18 ＜ 4 ＜ +5+756 ＜ *+ ＞ ＞ 46510-528333117＜3607812＜＞5

货物或应税劳务、服务名称	规格型号	单位	数量	单价	金额	税率	税额
*住宿服务*住宿费			6 天	94.34	566.04	6%	33.96
合计					566.04		33.96
价税合计（大写）	⊗ 陆佰元整				（小写）¥600.00		

销售方	名　　称：绵阳如家酒店有限公司 纳税人识别号：9151061435321812123 地 址、电 话：绵阳市涪城区 0816-25088166 开户行及账户：建行绵阳市涪城区支行 110123456781234567	备注	

收款人：丁伟　　　复核：王丽　　　开票人：丁伟　　　销售方（章）：

税总函[2017]219 号西安印钞有限公司

第三联：发票联　购买方记账凭证

表 3.122

四川增值税专用发票

5106171130　　　　　　　　　　№ 20123456　5106171130
20123456

抵扣联

开票日期：　20×7 年 12 月 14 日

购买方	名　　称：成都市康健沐桶股份有限公司 纳税人识别号：915101098765432119 地 址、电 话：成都市高新区富港路 56 号 85681266 开户行及账户：工行高新支行 424401201234123456	密码区	7+1633+＜18＜02-2+7169*8＞＞0703＞ 4528333117＜3607814791/2*-94/302-872 ＜ ＞ 18 ＜ 4 ＜ +5+756 ＜ *+ ＞ ＞ 46510-528333117＜3607812＜＞5

货物或应税劳务、服务名称	规格型号	单位	数量	单价	金额	税率	税额
*住宿服务*住宿费			6 天	94.34	566.04	6%	33.96
合计					566.04		33.96
价税合计（大写）	⊗ 陆佰元整				（小写）¥600.00		

销售方	名　　称：绵阳如家酒店有限公司 纳税人识别号：9151061435321812123 地 址、电 话：绵阳市涪城区 0816-25088166 开户行及账户：建行绵阳市涪城区支行 110123456781234567	备注	

收款人：丁伟　　　复核：王丽　　　开票人：丁伟　　　销售方（章）：

税总函[2017]219 号西安印钞有限公司

第二联：抵扣联　购买方扣税凭证

㊹12 月 16 日，公司收到舒爱尔有限公司前欠货款 99 450 元，中国工商银行进账单如表 3.123 所示。

表 3.123　　中国工商银行　进账单　（收账通知）

20×7 年 12 月 16 日

B130-1(175*85mm)2017.9

出票人	全称	成都舒爱尔有限公司	收款人	全称	成都市康健沐桶股份有限公司
	账号	490101110922143654		账号	424401201234123456
	开户银行	工行工业港支行		开户银行	工行高新支行
金额	人民币（大写）玖万玖仟肆佰伍拾元整		亿千百十万千百十元角分		¥9945000
票据种类	支票	票据张数			
票据号码	00202397				
复核　记账			中国工商银行股份有限公司工业港支行 20×7.12.16 转讫 (01) 开户银行签章		

此联是收款人开户银行交给收款人的收账通知

㊺12 月 16 日，公司用现金支付管理部门汽车维修费 320 元，发票如表 3.124 所示。

表 3.124

四川增值税普通发票

5101174120　　发票联　　№ 00153156　5101174120　00153156

（全国统一发票监制章　四川　国家税务总局监制）

机器编号：112099880822　　开票日期：20×7 年 12 月 16 日

税总函[2015]219 号东港股份有限公司

购买方	名称：成都市康健沐桶股份有限公司 纳税人识别号：915101098765432119 地址、电话：成都市高新区富港路 56 号 85681266 开户行及账户：工行高新支行 424401201234123456				密码区	935>913*1+/7449+>/5*534**69<5+ >7+0+*/++*35/8/+08-<330-90685 >913*1+/7449+>1->>5<*/<+> 6-614012-4506>/1234>>33	
货物或应税劳务、服务名称	规格型号	单位	数量	单价	金额	税率	税额
*劳务*维修费					310.68	3%	9.32
合计					310.68		9.32
价税合计（大写）	⊗叁佰贰拾元整				（小写）¥320.00		
销售方	名称：四川金鑫汽车销售公司 纳税人识别号：91510124083306666P 地址、电话：郫县红光正新路 32 号 028-87234568 开户行及账户：工行郫县支行 1001300067891252				备注	四川金鑫汽车销售公司 91510124083306666P 发票专用章 510100123122	

收款人：　　复核：　　开票人：杨玉　　销售方（章）：

第三联：发票联　购买方记账凭证

㊻12 月 16 日，公司用转账支票缴纳排污费 1 500 元，其电子缴税付款凭证如表 3.125 所示。

表 3.125

中国工商银行电子缴税付款凭证

缴税日期： 20×7 年 12 月 16 日　　　　凭证字号：2017121603346341

纳税人全称及纳税人识别号：成都市康健沐桶股份有限公司 915101098765432119
付款人全称：成都市康健沐桶股份有限公司
付款人账号：424401201234123456　　　征税机关名称：高新区地方税务局
付款人开户行：工行高新支行　　收款国库（银行）名称：国家金库高新区支库
小写（合计）金额：1 500.00 元　　　　缴款交易流水号：61201392
大写（合计）金额：壹仟伍佰元整　　税票号码：320171216000024358

税（费）种名称	所属日期	实缴金额（单位：元）
排污费	20×7	1 500.00

中国工商银行股份有限公司高新支行 自助回单机专用票 （001）

第 1 次打印　　　　打印时间： 20×7 年 12 月 16 日

客户回单联　　验证码：83912F65C006　　复核：　　记账：

㊼12 月 16 日，机修车间领用机修工具 15 只。同时报废在用的机修工具 8 只。相关表单如表 3.126 至表 3.129 所示。

表 3.126　**成都市康健沐桶股份有限公司低值易耗品领用单**　No. 0000823

领用部门：机修车间　　领用时间：20×7 年 12 月 16 日

用途：机修

材料编号	材料名称	规格型号	单位	请领数	实发数	单价
	机修工具		只	15	15	

二 财务

供应负责人：张凡　　领用负责人：邓文强　　保管员：李亚希　　领料人：张路

表 3.127

低值易耗品摊销单（五五摊销法）

20×7 年 12 月 16 日

名称编号	规格型号	单位	数量	原始价值	已摊销金额	本月摊销金额	合计	备注
机修工具		只	15					领用时

表 3.128

低值易耗品报废单

20×7 年 12 月 16 日

名称 编号	规格 型号	单位	数量	预计使用 年限	已使用 年限	原始 价值	已摊销 金额	备注
机修工具		只	8			60		
报废原因	工具损坏，无法修理							
处理意见	使用部门		技术鉴定		管理部门		主管部门审批意见	
	无法修理		情况属实		同意转入清理		同意报废	

表 3.129

低值易耗品摊销单（五五摊销法）

20×7 年 12 月 16 日

名称 编号	规格 型号	单位	数量	原始 价值	已摊销 金额	本月摊销 金额	合计	备注
机修工具		只	8					报废时

㊽12 月 17 日，为扩大销售，公司在锦江市生资市场租入门面房两间，不可撤销赁期半年，从 20×8 年 1 月 1 日起至 20×8 年 6 月 30 日止，租金合计 36 000 元，相关票据如表 3.130、表 3.131 所示。

表 3.130

中国工商银行
转账支票存根　（川）

$\frac{B}{0}\ \frac{B}{2}$ 01067225

附加信息

出票日期 20×7 年 12 月 17 日

收款人：四川锐鑫贸易有限公司
金　额：36 000.00
用　途：门市租金

单位主管　　　　会计

表 3.131

四川增值税普通发票

5101175120 № 00164178 5101175120 00164178

发票联

机器编号：112099880723 开票日期： 20×7 年 12 月 16 日

购买方	名　　称：成都市康健沐桶股份有限公司 纳税人识别号：915101098765432119 地 址、电 话：成都市高新区富港路 56 号 85681266 开户行及账户：工行高新支行 424401201234123456				密码区	577>913*1+ / 1449+> / 6*534**69<5+ >7+0+* / ++*35 / 8 / +01-<330-90685 >913*1+ / 7449+>1->>5<* / <+> 1-614012-4506> / 1104>>44	
货物或应税劳务、服务名称	规格型号	单位	数量	单价	金额	税率	税额
*经营租赁*房屋租赁服务					34 285.71	5%	1 714.29
合计					34 285.71		1 714.29
价税合计（大写）	⊗叁万陆仟元整				（小写）¥36 000.00		
销售方	名　　称：四川锐鑫贸易有限公司 纳税人识别号：91510100239534603Y 地 址、电 话：成都锦江区 028-85313325 开户行及账户：工商行锦江支行 0321050489563				备注	20×8 年 1 月 1 日至 20×8 年 12 月 31 日	

收款人： 复核： 开票人：蒋艳丽 销售方（章）：

税总函[2015]219 号东港股份有限公司

第三联：发票联 购买方记账凭证

（印章：全国统一发票监制章 四川 国家税务总局监制；四川锐鑫贸易有限公司 91510100239534603Y 发票专用章 5101001231 34）

㊾12 月 18 日，以现金购买印花税票 300 元，中国工商银行电子缴税付款凭证如表 3.132 所示。

表 3.132

中国工商银行电子缴税付款凭证

缴税日期： 20×7 年 12 月 18 日 凭证字号：2017121803346342

纳税人全称及纳税人识别号：成都市康健沐桶股份有限公司 915101098765432119

付款人全称：成都市康健沐桶股份有限公司

付款人账号：424401201234123456 征税机关名称：高新区地方税务局

付款人开户行：工行高新支行 收款国库（银行）名称：国家金库高新区支库

小写（合计）金额：300.00 元 缴款交易流水号：61201393

大写（合计）金额：叁佰元整 税票号码：320171216000024359

税（费）种名称	所属日期	实缴金额（单位：元）
印花税	20×7.11.01-20×7.11.30	300.00

（印章：中国工商银行股份有限公司高新支行 自助回单机专用票 (001)）

第 1 次打印 打印时间： 20×7 年 12 月 18 日

客户回单联 验证码：83912F65C007 复核： 记账：

⑥0 12 月 18 日，公司委托国泰证券高新营业部购买“TCL 科技”10 000 股，深圳成交过户交割凭单如表 3.133 所示。

表 3.133

深圳证券中央登记结算公司

深圳成交过户交割凭单（买）

20×7 年 12 月 18 日

资金账号：77446688 股东编号：0098230330 股东户名：成都市康健沐桶股份有限公司	上次余额：109968.10 证券名称：TCL 科技 000100 成交价格：4.50
公司代号：242000 申请编号：001202 申报时间：11：02：阅	成交金额：45 000.00 标准佣金：90.00 过户费用：0.00
成交时间：11：10：00 成交编号：00240018 成交数量：10 000（股） 证券余额：10 000（股）	印花税：0.00 附加费：0.00 应付金额：45 090.00 本次余额：64 878.10

二 通知联

经办单位：国泰证券高新营业部　　　　客户签章：成都市康健沐桶股份有限公司

⑥1 12 月 18 日，公司偿还中国工商银行短期借款 400 000 元，并支付利息 6 000 元，其相关票据如表 3.134、表 3.135 所示。

表 3.134

中国工商银行高新支行借款偿还凭证(付出凭证)

合同编码：0602

(贷)科目______　　　　转账日期 20×7 年 12 月 18 日　　　　对方科目______

借款单位	名称	成都康健沐桶股份有限公司			约定偿还日期				20×7 年 12 月 18 日				
	存款号	42440120123412 3456	贷款号	2375000512	展期偿日期				年　月　日				
贷款种类		抵押	月利率	5‰	贷款期限				3 个月				
申请借款金额		肆拾万元正	核准借款	肆拾万元整	百	十	万	千	百	十	角	分	
					¥	4	0	0	0	0	0	0	
借贷直接用途		1.生产经营周转		3.									
		2.		4.									

兹根据贷款办法规定，申请办理贷款，到期时由我们主动归还或请我单位结算户内主动收回。	年		还款记录		
	月	日	归还本金	计收利息	经办人
此致	12	18	400 000.00	6 000	许为
工行高新支行					
借款单位　　法人代表:张成祥(签章)					
成都市康健沐桶股份有限公司					
财务主管：赵晓					
公章　　(签章)					

中国工商银行股份有限公司高新支行 20×7.12.18 转讫 (01)

表 3.135

四川增值税普通发票

发票联

5101173120　　№ 00165156　5101173120 00165156

机器编号：002099881155　　开票日期：20×7 年 12 月 16日

购买方	名　　称：成都市康健沐桶股份有限公司 纳税人识别号：915101098765432119 地 址、电 话：成都市高新区富港路 56 号 85681266 开户行及账户：工行高新支行 424401201234123456				密码区	666>913*1+ / 1449+> / 6*534**69<5+ >7+0+* / ++*35 / 8 / +08-<330-90685 >913*1+ / 7449+>1->>6<* / <+> 1-614012-4506> / 1234>>66	
货物或应税劳务、服务名称	规格型号	单位	数量	单价	金额	税率	税额
*金融服务*利息					5 660.38	6%	339.62
合计					5 660.38		339.62
价税合计（大写）	⊗陆仟元整				（小写）￥6 000.00		
销售方	名　　称：中国工商银行高新支行 纳税人识别号：915101334455667788 地 址、电 话：成都市高新区富港路 16 号 028-85667788 开户行及账户：工行高新支行 3003300067891252				备注		

收款人：　　复核：　　开票人：郑晓　　销售方（章）：

税总函[2015]219 号东港股份有限公司

第三联：发票联　购买方记账凭证

㉜12 月 21 日，加工车间领用木板材 120 立方米，拼板胶 1 300 千克，不锈钢带 11 000千克；油漆车间领用油漆 7 000 千克；包装车间领用纸箱 1 号 300 个，纸箱 2 号 700 个。相关票据如表 3.136 至表 3.137 所示。

表 3.136　**成都市康健沐桶股份有限公司原材料领用单**　No. 0000824

领用部门：加工车间　　领用时间：20×7 年 12 月 21 日

用途：加工浴足盆、沐浴桶							
材料编号	材料名称	规格型号	单位	请领数	实发数	单价	金额
	木板材		立方米	120	120		

二　财务

供应负责人：张凡　　领用负责人：唐开富　　保管员：李亚希　　领料人：江琴

表 3.137　**成都市康健沐桶股份有限公司原材料领用单**　No. 0000825

领用部门：加工车间　　领用时间：20×7 年 12 月 21 日

用途：加工浴足盆、沐浴桶							
材料编号	材料名称	规格型号	单位	请领数	实发数	单价	金额
	拼板胶		千克	1 300	1 300		

二　财务

供应负责人：张凡　领用负责人：唐开富　保管员：李亚希　领料人：江琴

表 3.138　**成都市康健沐桶股份有限公司原材料领用单**　No. 0000826

领用部门：加工车间　　领用时间：20×7 年 12 月 21 日

用途：加工浴足盆、沐浴桶							
材料编号	材料名称	规格型号	单位	请领数	实发数	单价	金额
	不锈钢带		千克	11 000	11 000		

二　财务

供应负责人：张凡　领用负责人：唐开富　保管员：李亚希　领料人：江琴

表 3.139　**成都市康健沐桶股份有限公司原材料领用单**　No. 0000825

领用部门：油漆车间　　领用时间：20×7 年 12 月 14 日

用途：加工浴足盆、沐浴桶							
材料编号	材料名称	规格型号	单位	请领数	实发数	单价	金额
	油漆		千克	7 000	7 000		

二　财务

供应负责人：张凡　领用负责人：卫中庆　保管员：李亚希　领料人：赵石达

表 3.140　**成都市康健沐桶股份有限公司原材料领用单**　No. 0000826

领用部门：包装车间　　　　领用时间：20×7 年 12 月 14 日

用途：加工浴足盆、沐浴桶							
材料编号	材料名称	规格型号	单位	请领数	实发数	单价	金额
	纸箱	1 号	个	300	300		
	纸箱	2 号	个	700	700		

二 财务

供应负责人：张凡　　领用负责人：易红军　　保管员：李亚希　　领料人：管兵

(63)12 月 21 日，银行通知北京朝霞贸易有限公司款已收到，相关委托收款凭证如表 3.141所示。

表 3.141　**中国工商银行委托收款凭证**（收账通知）4

委托号码：第 1 号

委托日期 20×7 年 12 月 21 日

收款人	全称	成都市康健沐桶股份有限公司		付款人	全称	北京朝霞贸易有限公司
	账号	424401201234			账号	820001203656654321
	开户行	工行高新支行	行号 302		开户行	工行海淀支行

托收金额	人民币（大写）叁万玖仟柒佰捌拾元整	十	万	千	百	十	元	角	分
		¥	3	9	7	8	0	0	0

款项内容	货款	委收凭据名称	商业汇票	附寄单证张数	2

备注	款项收妥日期	收款人 开户行盖章
委邮	20×7 年 12 月 21 日	20×7 年 12 月 21 日

此联收款人开户行在款项收妥后通知

⑭12 月 21 日，计提本月固定资产折旧，相关票据如表 3.142、表 3.143 所示。

表 3.142

成都康健沐桶股份有限公司固定资产期初余额计算表

20×7 年 12 月　　单位：元

固定资产明细科目		加工	油漆	包装	机修	销售	行政	其他	合计
生产经营用固定资产	房屋	2 500 000	120 000	90 000	70 000	220 000	6 000 000		9 000 000
	建筑物	360 000	150 000	140 000		230 000			880 000
	机器设备	460 000	230 000	100 000	70 000				860 000
	运输工具	180 000		120 000		100 000	420 000		820 000
	其他								
不需用固定资产	房屋								
	建筑物								
	机器设备								
	运输工具							400 000	400 000
合　计									

（表头“加工”至“其他”属“固定资产使用部门”）

复核：李群　　制表：赵君

表 3.143　**成都康健沐桶股份有限公司固定资产折旧计算表**

20×7 年 12 月

固定资产明细科目		月折旧率（%）	固定资产使用部门						合计
			加工	油漆	包装	机修	销售	行政	
生产经营用	房屋								
	建筑物								
	机器设备								
	运输工具								
	其他								
不需用	房屋								
	建筑物								
	机器设备								
	运输工具								
合 计									

复核：李群　　制表：赵君

⑥⑤12 月 21 日，公司收到第四季度银行存款利息，中国工商银行利息计算清单如表 3. 144所示。

表 3. 144

中国工商银行利息计算清单

No.002349

单位名称：成都市康健沐桶股份有限公司　　　　结息账号：424401201234123456

起息日期	结息日期	天数	积数	利率（月）	利息金额（元）
20×7/09/21	20×7/12/20		92 500 000	0. 3‰	925.00
上列存款利息 已照收你单位账户 （银行盖章） 20×7 年 12 月 21 日				备注：	

中国工商银行股份有限公司高新支行 20×7.12.21 转讫 (01)

第三联　单位收或付款通知

⑥⑥12 月 21 日，公司向工行高新支行申请短期借款 400 000 元，用于临时周转需要，工商银行借款凭证如表 3. 145 所示。

表 3. 145

工商银行借款凭证(收账通知)

实贷日期(银行填写)：　20×7 年 12 月 21 日　　　　合同号码：　1212

借款单位	名称	成都市康健沐桶股份有限公司			约定偿还	20×8 年 6 月 20 日
	存款账号	424401201234123456	贷款账号	2378008578	展期偿还	
贷款种类		短期	月利率	0. 5%		
申请借款金额		肆拾万元整	核准借款金额	肆拾万元整	百 十 万 千 百 十 元 角 分 ¥ 4 0 0 0 0 0 0 0	
借款直接用途		1. 购原材料				
上列借款已批准发放，转入单位结算户。 此致 单位 （银行签章）			银行分录：20×7 年 12 月 21 日 借： 贷			

中国工商银行股份有限公司高新支行 20×7.12.21 转讫 (01)

⑥⑦12 月 21 日，机修车间领用润滑油 40 千克，公司原材料领用单如表 3.146 所示。

表 3.146　**成都市康健沐桶股份有限公司原材料领用单**　No. 0000827

领用部门：机修车间　　　　领用时间：20×7 年 12 月 21 日

用途：机修							
材料编号	材料名称	规格型号	单位	请领数	实发数	单价	金额
	润滑油		千克	40	40	70	2 800

二　财务

供应负责人：张凡　　领用负责人：邓文强　　保管员：李亚希　　领料人：张路

⑥⑧12 月 21 日，公司从泰达租赁公司租入卡车一辆，不可撤销租赁期为 5 年，每年不含税租金 100 000 元，第一年的租金于当天用银行存款支付，以后 4 年租金于每年 12 月 20 日支付。康健公司无法确定租赁内含利率，其增量借款利率为年利率 8%。大卡车预计可使用寿命 10 年，租赁期满，卡车归还出租人，卡车已运回。相关票据如表 3.147 至表 3.149 所示。

表 3.147　**成都市康健沐桶股份有限公司**

使用权资产验收单　No. 0100323

20×7 年 12 月 22 日

资产名称	规格型号	计量单位	数量	资产原值	资产净值	购买价格	备注
卡车		辆	1				
采购部门	物资供应科			负责人：张凡		经办人：蔡荣	
验收部门	生产设备科			负责人：廖小刚		经办人：毕代	

表 3.148

中国工商银行
转账支票存根　（川）

$\frac{B}{0}\ \frac{B}{2}$ 01067226

附加信息

出票日期 20×7 年 12 月 2 日

收款人：	泰达租赁公司
金　额：	113 000.00
用　途：	付租赁费

单位主管　　会计

表 3.149

四川增值税专用发票

5106172568　　№ 60029836　5106172568　60029836

发票联

开票日期：20×7 年 12 月 2 日

购买方	名　　称：成都市康健沐桶股份有限公司 纳税人识别号：915101098765432119 地址、电话：成都市高新区富港路 56 号 85681266 开户行及账户：工行高新支行 424401201234123456				密码区	1+34556+＜38＜02-2+7169*8＞＞0703＞ 4528333117＜1207814791/2*-94/302-872 ＜＞18＜4＜+5+756＜*+＞＞ 46510-528333117＜7654321＜＞5	
货物或应税劳务、服务名称	规格型号	单位	数量	单价	金额	税率	税额
*经营租赁*租赁费					100 000.00	13%	13 000.00
合计					100 000.00		13 000.00
价税合计（大写）	⊗壹拾壹万叁仟元整					（小写）¥113 000.00	
销售方	名　　称：泰达租赁公司 纳税人识别号：915106965487112526 地址、电话：绵阳科创园区 78 号（0816）29882511 开户行及账号：工行科创园区支行 321010256987215898				备注		

收款人：李浩　　复核：陈爱国　　开票人：刘成　　销货单位（章）

全国统一发票监制章 四川 国家税务总局监制

泰达租赁公司 91510696548712152Y 发票专用章

税总函[2017]219 号西安印钞有限公司

第三联：发票联　购买方记账凭证

表 3.150

5106172568　　四川增值税专用发票　　№ 60029836　5106172568

60029836

抵扣联　　开票日期：　20×7 年 12 月 2 日

税总函[2017]219 号西安印钞有限公司

购买方	名　　称：成都市康健沐桶股份有限公司 纳税人识别号：915101098765432119 地 址、电 话：成都市高新区富港路 56 号 85681266 开户行及账户：工行高新支行 424401201234123456					密码区	1+34556+＜38＜02-2+7169*8＞＞0703＞ 4528333117＜1207814791/2*-94/302-872 ＜ ＞ 18 ＜ 4 ＜ +5+756 ＜ *+ ＞ ＞ 46510-528333117＜7654321＜＞5	
货物或应税劳务、服务名称	规格型号	单位	数量	单价	金额		税率	税额
*经营租赁*租赁费					100 000.00		13%	13 000.00
合计					100 000.00			13 000.00
价税合计（大写）	⊗壹拾壹万叁仟元整						（小写）￥113 000.00	
销售方	名　　称：泰达租赁公司 纳税人识别号：915106965487112526 地 址、电 话：绵阳科创园区 78 号（0816）29882511 开户行及账号：工行科创园区支行 321010256987215898					备注		

收款人：李浩　　复核：陈爱国　　开票人：刘成　　销货单位（章）

第二联：抵扣联　购买方扣税凭证

⑥12 月 21 日，公司对租入门面房进行简单装修，支付装修款 8 000 元，相关票据如表 3.151至表 3.153 所示。

表 3.151

中国工商银行　（川）

转账支票存根

$\frac{B}{0}\frac{B}{2}$ 01067227

附加信息

出票日期 20×7 年 12 月 21 日

收款人：	成都华剑装饰公司
金　额：	8 000.00
用　途：	装修费

单位主管　　　会计

表 3.152

四川增值税专用发票

全国统一发票监制章 四川 国家税务总局监制

5101170130 　　　　№ 20123987 　5101170130 20123987

发票联

开票日期：20×7 年 12 月 21 日

购买方	名　　称：成都市康健沐桶股份有限公司 纳税人识别号：915101098765432119 地 址、电 话：成都市高新区富港路 56 号 85681266 开户行及账户：工行高新支行 424401201234123456	密码区	0+1635+＜18＜02-2+7169*8＞＞0703＞ 4528333117＜3607814791/2*-94/302-872 ＜＞18＜4＜+5+756＜*+＞＞ 46510-528333117＜3607815＜＞6

货物或应税劳务、服务名称	规格型号	单位	数量	单价	金额	税率	税额
*建筑服务*装修服务					7 339.45	9%	660.55
合计					7 339.45		660.55
价税合计（大写）	⊗ 捌仟元整				（小写）￥8 000.00		

销售方	名　　称：成都华剑装饰公司 纳税人识别号：915101223332181278 地 址、电 话：成都高新区正光路 32 号 028-87088466 开户行及账户：建行成都高新区支行 123456781234567110	备注	四川成都高新区 门面装修

成都华剑装饰公司 915101223332181278 发票专用章

收款人：　　复核：　　开票人：周薇　　销售方（章）：

税总函[2017]219 号西安印钞有限公司

第三联：发票联　购买方记账凭证

表 3.153

四川增值税专用发票

全国统一发票监制章 四川 国家税务总局监制

5101170130 　　　　№ 20123987 　5101170130 20123987

抵扣联

开票日期：20×7 年 12 月 21 日

购买方	名　　称：成都市康健沐桶股份有限公司 纳税人识别号：915101098765432119 地 址、电 话：成都市高新区富港路 56 号 85681266 开户行及账户：工行高新支行 424401201234123456	密码区	0+1635+＜18＜02-2+7169*8＞＞0703＞ 4528333117＜3607814791/2*-94/302-872 ＜＞18＜4＜+5+756＜*+＞＞ 46510-528333117＜3607815＜＞6

货物或应税劳务、服务名称	规格型号	单位	数量	单价	金额	税率	税额
*建筑服务*装修服务					7 339.45	9%	660.55
合计					7 339.45		660.55
价税合计（大写）	⊗ 捌仟元整				（小写）￥8 000.00		

销售方	名　　称：成都华剑装饰公司 纳税人识别号：915101223332181278 地 址、电 话：成都高新区正光路 32 号 028-87088466 开户行及账户：建行成都高新区支行 123456781234567110	备注	四川成都高新区 门面装修

成都华剑装饰公司 915101223332181278 发票专用章

收款人：　　复核：　　开票人：周薇　　销售方（章）

税总函[2017]219 号西安印钞有限公司

第二联：抵扣联　购买方扣税凭证

⑦12 月 21 日，公司转账支付下年度订阅报刊费 3 000 元，相关票据如表 3.154、表 3.155所示。

表 3.154

中国工商银行
转账支票存根　（川）

$\frac{B}{0}\frac{B}{2}$ 01067228

附加信息

出票日期 20×7 年 12 月 21 日

收款人：	中国邮政集团公司成都市分公司
金　额：	3 000.00
用　途：	报刊订阅费

单位主管　　　会计

表 3.155

中国邮政　　　四川省国家税务局通用机打发票

发票联

发票代码 151001663003

发票号码 00092619

开票日期：20×71221　行业分类：邮政业　发票代码 151001663003　发票号码 00092619

付款方：成都市康健沐桶股份有限公司

收款方：中国邮政集团公司成都市分公司　　公司税号：91510110062170162 70

商品名称	单价	数量	金额（元）
报刊订阅	3 000.00	1	3 000.00

合计金额（小写）：3 000.00 元

合计金额（大写）：叁仟元整　　收款人：61001601、P001

开票人：张丽娟

（印章：中国邮政集团公司成都市分公司 915101100621701627 0 发票专用章 5101085113341）

第一联 发票联（购买方付款凭证）（手开无效）

发票查询请登录四川省国家税务局网址 http://www.sc-n-tax.gov.cn　　本发票开具合计金额超过 10 万元无效

⑪12 月 22 日，公司从开户行购买空白支票，转账付讫，中国工商银行空白凭证领用书如表 3.156 所示。

表 3.156

中国工商银行空白凭证领用书（第三联）

领用单位：成都市康健沐桶股份有限公司　　　（代缴费回单）

账号：424401201234123456　　　20×7 年 12 月 22 日　　　字第　　号

凭证种类		单位	数量	单价	金额						中国工商银行股份有限公司高新支行（银行收款盖章处）
名称	起号数				千	百	十	元	角	分	20×7.12.22
转账支票	002351—003350	本	2	25.00			5	0	0	0	单位会计分录：
现金支票	006451—007450	本	2	28.00			5	6	0	0	借：
											转讫 贷：
											(01) 主管　记账
合计					¥	1	0	6	0	0	会计　出纳
合计人民币（大写）：壹佰零陆元整											

（印章：成都康健沐桶股份有限公司 财务专用章 5101123456789）

⑫12 月 22 日，公司接受利达机械有限公司捐赠清缝机，相关票据如表 3.157 至表 3.159所示。

表 3.157

四川增值税专用发票

5101172130　　　№ 00047123　5101172130　00047123

（全国统一发票监制章 四川 国家税务总局监制）

发票联

开票日期：20×7 年 12 月 22 日

购买方	名　　称：成都市康健沐桶股份有限公司 纳税人识别号：915101098765432119 地 址、电 话：成都市高新区富港路 56 号 85681266 开户行及账户：工行高新支行 424401201234123456					密码区	3+66546+<38<02-2+1236*8>>0703> 4123433117<1223314791/2*-94/302-872 <>18<4<+5+756<*+>> 46510-987333082<1987334<>6
货物或应税劳务、服务名称	规格型号	单位	数量	单价	金额	税率	税额
*其他机械设备*清缝机		台	10	1 600.00	16 000.00	13%	2 080.00
合计					16 000.00		2 080.00
价税合计（大写）	⊗壹万捌仟零捌拾元整					（小写）	¥18 080.00
销售方	名　　称：成都利达机械有限公司 纳税人识别号：915101054367832988 地址、电话：成都金牛区金达路 59 号 028-87712340 开户行及账号：工行金达支行 424409764313					备注	

收款人：陈中　　复核：李丽　　开票人：林新　　销货单位（章）

（印章：成都利达机械有限公司 915101054367832988 发票专用章）

税总函[2017]219 号西安印钞有限公司

第三联：发票联　购买方记账凭证

表 3.158

5101172130　　**四川增值税专用发票**　　№ 00047123　5101172130

全国统一发票监制章　四川　国家税务总局监制

00047123

抵扣联　　开票日期：　20×7 年 12 月 22 日

税总函[2017]219 号西安印钞有限公司

购买方	名　　称：成都市康健沐桶股份有限公司 纳税人识别号：915101098765432119 地 址、电 话：成都市高新区富港路 56 号 85681266 开户行及账户：工行高新支行 424401201234123456	密码区	3+66546+＜38＜02-2+1236*8＞＞0703＞ 4123433117＜1223314791/2*-94/302-872 ＜＞18＜4＜+5+756＜*+＞＞ 46510-987333082＜1987334＜＞6

货物或应税劳务、服务名称	规格型号	单位	数量	单价	金额	税率	税额
*其他机械设备*清缝机		台	10	1 600.00	16 000.00	13%	2 080.00
合计					16 000.00		2 080.00
价税合计（大写）	⊗壹万捌仟零捌拾元整				（小写）￥18 080.00		

销售方	名　　称：成都利达机械有限公司 纳税人识别号：915101054367832988 地址、电话：成都金牛区金达路 59 号 028-87712340 开户行及账号：工行金达支行 424409764313	备注	

成都利达机械有限公司　915101054367832988　发票专用章

收款人：陈中　　复核：李丽　　开票人：林新　　销货单位（章）

第二联：抵扣联　购买方扣税凭证

表 3.159

成都市康健沐桶股份有限公司
固定资产验收单

No. 0100324

20×7 年 12 月 22 日

资产名称	规格型号	计量单位	数量	资产原值	资产净值	购买价格	备注
清缝机	SG5200	台	10			16 000.00	接受捐赠
采购部门	物资供应科			负责人：张凡		经办人：蔡荣	
验收部门	生产设备科			负责人：廖小刚		经办人：毕代	

⑬12 月 23 日，公司出售 100 千克不锈钢带给成都东方有限公司，相关票据如表 3.160至表 3.162 所示。

表 3.160

5100171130

四 川 增 值 税 专 用 发 票

全国统一发票监制章 四川 国家税务总局监制

记 账 联

№ 20792569　5100171130　20792569

开票日期：　20×7 年 12 月 23 日

购买方	名　　称：成都东方有限公司 纳税人识别号：915101056789003218 地址、电话：成都市京东路 31 号[028]87654321 开户行及账号：建行行京东支行 509876543287123				密码区	146>913*1+/7449+>/5*534**69<5+ >7+0+*/++*35/8/+08-<330-90685 >913*1+/7449+>1->>5<*/<+> 6-614012-5617>/5471>>24	

货物或应税劳务、服务名称	规格型号	单位	数量	单价	金额	税率	税额
*黑色金属冶炼压延品*不锈钢带		千克	100	30.00	3 000.00	13%	390.00
合计					3 000.00		390.00
价税合计（大写）	⊗叁仟叁佰玖拾元整				（小写）¥3 390.00		

销售方	名　　称：成都市康健沐桶股份有限公司 纳税人识别号：915101098765432119 地 址、电 话：成都市高新区富港路 56 号 85681266 开户行及账户：工行高新支行 424401201234123456	备注	

收款人：王小玲　　复核：李群　　开票人：郑雪　　销售方（章）：

税总函[2015]219 号东港股份有限公司

第一联：记账联　销售方记账凭证

表 3.161

成都市康健沐桶股份有限公司发货单

No. 0000203

20×7 年 12 月 23 日

编号	名称	规格	单位	数量		单价	金额	备注
				应发	实发			
	不锈钢带		千克	100	100			

记账：赵晓　　仓库主管：王洁　　保管：李亚希　　制单：张芳

二 财务

表 3.162

中国工商银行　进账单　（回单）

20×7 年 12 月 23 日

出票人	全　称	成都东方有限公司	收款人	全称	成都市康健沐桶股份有限公司
	账　号	509876543287123		账号	424401201234123456
	开户银行	建设银行京东支行		开户银行	工行高新支行
金额	人民币（大写）叁仟叁佰玖拾元整			亿 千 百 十 万 千 百 十 元 角 分	￥ 3 3 9 0 0 0
票据种类	支票	票据张数			
票据号码	00202397				
复核　记账				开户银行签章	

中国工商银行股份有限公司工业港支行
20×7.12.23
转讫
(01)

B130-1(175*85mm)2017.9

此联是收款人开户银行交给收款人的收账通知

㉔12 月 23 日，公司从成都市蓝光润滑油厂购入润滑油 20 千克，货已验收入库，相关票据如表 3.163 至表 3.166 所示。

表 3.163

5101176130

四 川 增 值 税 专 用 发 票

全国统一发票监制章　四　川　国家税务总局监制

发 票 联

№ 00058234　5101176130
00058234

开票日期：　20×7 年 12 月 23 日

购买方	名　　称：成都市康健沐桶股份有限公司 纳税人识别号：915101098765432119 地 址、电 话：成都市高新区富港路 56 号 85681266 开户行及账户：工行高新支行 424401201234123456			密码区	0+66657+＜38＜02-2+1236*8＞＞0703＞ 4123433117＜1223314791/2*-94/302-872 ＜＞18＜4＜+5+756＜*+＞＞ 46510-987333082＜1987445＜＞7		
货物或应税劳务、服务名称	规格型号	单位	数量	单价	金额	税率	税额
*润滑油*润滑油		千克	20	68.00	1 360.00	13%	176.80
合计					1 360.00		176.80
价税合计（大写）	⊗壹仟伍佰叁拾陆元捌角整					（小写）￥1 536.80	
销售方	名　　称：成都蓝光润滑油厂 纳税人识别号：915101054367832689 地址、电话：成都锦江区大丰路 35 号 028-86543219 开户行及账号：工行大丰支行 424487543121			备注			

成都蓝光润滑油厂
915101054367832689
发票专用章
510100128013

收款人：陈中　　复核：李丽　　开票人：林新　　销货单位（章）

税总函[2017]219 号西安印钞有限公司

第三联：发票联　购买方记账凭证

表 3.164

四川增值税专用发票

5101176130　　№ 00058234　5101176130

00058234

抵扣联　　开票日期：　20×7 年 12 月 23 日

购买方	名　　称：成都市康健沐桶股份有限公司 纳税人识别号：915101098765432119 地 址、电 话：成都市高新区富港路 56 号 85681266 开户行及账户：工行高新支行 424401201234123456	密码区	0+66657+＜38＜02-2+1236*8＞＞0703＞ 4123433117＜1223314791/2*-94/302-872 ＜＞18＜4＜+5+756＜*+＞＞ 46510-987333082＜1987445＜＞7

货物或应税劳务、服务名称	规格型号	单位	数量	单价	金额	税率	税额
*润滑油*润滑油		千克	20	68.00	1 360.00	13%	176.80
合计					1 360.00		176.80
价税合计（大写）	⊗壹仟伍佰叁拾陆元捌角整				（小写）￥1 536.80		

销售方	名　　称：成都蓝光润滑油厂 纳税人识别号：915101054367832689 地址、电话：成都锦江区大丰路 35 号 028-86543219 开户行及账号：工行大丰支行 424487543121	备注	成都蓝光润滑油厂 915101054367832689 发票专用章

收款人：陈中　　复核：李丽　　开票人：林新　　销货单位（章）

第二联：抵扣联　购买方扣税凭证

税总函[2017]219 号西安印钞有限公司

表 3.165

成都市康健沐桶股份有限公司原材料入库单

No. 0000269

供货单位：成都蓝光润滑油厂　　入库时间：20×7 年 12 月 23 日

材料编号	材料名称	规格型号	单位	请入数	实入数	实际成本		计划成本		差异额
						单价	金额	单价	金额	
	润滑油		千克	20	20					

二　财务

供应负责人：张凡　　财务：赵晓　　保管员：李亚希　　采购：李江

表 3.166

中国工商银行
转账支票存根　（川）

$\frac{B}{0}\frac{B}{2}$　01067229

附加信息

出票日期 20×7 年 12 月 23 日

收款人：成都蓝光润滑油厂
金　额：1 577.60
用　途：购润滑油

单位主管　　　　会计

⑮12 月 24 日，公司转账支付房屋修理费 7 000 元，其中修理办公楼花费 4 000 元，修理加工车间花费 3 000 元。相关票据如表 3.167 至表 3.169 所示。

表 3.167

中国工商银行
转账支票存根　（川）

$\frac{B}{0}\frac{B}{2}$　01067230

附加信息

出票日期 20×7 年 12 月 24 日

收款人：成都利民建筑有限公司
金　额：7 000.00
用　途：房屋修理费

单位主管　　　　会计

表 3.168

四川增值税专用发票

5101176130 № 20123987 5101176130 20123987

发票联

全国统一发票监制章 四川 国家税务总局监制

开票日期：20×7 年 12 月 24 日

购买方	名　　称：成都市康健沐桶股份有限公司 纳税人识别号：915101098765432119 地 址、电 话：成都市高新区富港路 56 号 85681266 开户行及账户：工行高新支行 424401201234123456				密码区	0+2746+＜18＜02-2+7169*8＞＞0703＞ 4528333117＜3607814791/2*-94/302-872 ＜＞18＜4＜+5+756＜*+＞＞ 46510-528333117＜4718926＜＞7	
货物或应税劳务、服务名称	规格型号	单位	数量	单价	金额	税率	税额
*建筑服务*修缮服务					6 422.02	9%	577.98
合计					6 422.02		577.98
价税合计（大写）	⊗ 柒仟元整				（小写）¥7 000.00		
销售方	名　　称：成都市利民建筑有限公司 纳税人识别号：915101334432182389 地 址、电 话：成都高新区铁门路 16 号 028-86521563 开户行及账户：农行成都高新区支行 123456789001235				备注	四川成都高新区 房屋修缮	

收款人：李美　　复核：高兴　　开票人：卫媛　　销售方（章）：

成都市利民建筑有限公司 915101334432182389 发票专用章

第三联：发票联 购买方记账凭证

税总函[2017]219 号西安印钞有限公司

表 3.169

四川增值税专用发票

5101176130 № 20123987 5101176130 20123987

抵扣联

全国统一发票监制章 四川 国家税务总局监制

开票日期：20×7 年 12 月 24 日

购买方	名　　称：成都市康健沐桶股份有限公司 纳税人识别号：915101098765432119 地 址、电 话：成都市高新区富港路 56 号 85681266 开户行及账户：工行高新支行 424401201234123456				密码区	0+2746+＜18＜02-2+7169*8＞＞0703＞ 4528333117＜3607814791/2*-94/302-872 ＜＞18＜4＜+5+756＜*+＞＞ 46510-528333117＜4718926＜＞7	
货物或应税劳务、服务名称	规格型号	单位	数量	单价	金额	税率	税额
*建筑服务*修缮服务					6 422.02	9%	577.98
合计					6 422.02		577.98
价税合计（大写）	⊗ 柒仟元整				（小写）¥7 000.00		
销售方	名　　称：成都市利民建筑有限公司 纳税人识别号：915101334432182389 地 址、电 话：成都高新区铁门路 16 号 028-86521563 开户行及账户：农行成都高新区支行 123456789001235				备注	四川成都高新区 房屋修缮	

收款人：李美　　复核：高兴　　开票人：卫媛　　销售方（章）：

成都市利民建筑有限公司 915101334432182389 发票专用章

第二联：抵扣联 购买方扣税凭证

税总函[2017]219 号西安印钞有限公司

⑯12 月 24 日，公司向北京佳期洁具有限公司发出分期收款销售的浴足盆 1 200 只，沐浴桶 400 只。合同约定货款于发货时收取 50%，明年 1 月 24 日和 2 月 24 日分别收取 25%。相关票据如表 3.170 至表 3.172 所示。

表 3.170　　**四川增值税专用发票**

5100171130

全国统一发票监制章
四川
国家税务总局监制

№ 20792570　5100171130

20792570

记账联　　开票日期：20×7 年 12 月 24 日

购买方	名　　称：北京佳期洁具有限公司 纳税人识别号：911101876543210988 地址、电话：北京市淮海路 351 号 010-88664411 开户行及账号：工行淮海支行 509016743986				密码区	257＞913*1+／7449+＞／5*534**69＜5+ ＞7+0+*／++*35／8／+08-＜330-90685 ＞913*1+／7449+＞1-＞＞5＜*／＜+＞ 6-614012-5617＞／6582＞＞35	
货物或应税劳务、服务名称	规格型号	单位	数量	单价	金额	税率	税额
*日用杂品*浴足盆		只	600	190.00	114 000.00	13%	14 820.00
*日用杂品*沐浴桶		只	200	1 400.00	280 000.00	13%	36 400.00
合计					394 000.00		51 220.00
价税合计（大写）	⊗肆拾肆万伍仟贰佰贰拾元整				（小写）￥445 220.00		
销售方	名　　称：成都市康健沐桶股份有限公司 纳税人识别号：915101098765432119 地　址、电　话：成都市高新区富港路 56 号 85681266 开户行及账户：工行高新支行 424401201234123456				备注		

税总函[2015]219 号东港股份有限公司

第一联：记账联　销售方记账凭证

成都市康健沐桶股份有限公司
915101098765432119
发票专用章
5001001985 62

收款人：王小玲　　复核：李群　　开票人：郑雪　　销售方（章）：

表 3.171　　**成都市康健沐桶股份有限公司发货单**　　No. 0000204

20×7 年 12 月 24 日

编号	名称	规格	单位	数量 应发	数量 实发	单价	金额	备注
	浴足盆		只	1 200	1 200			
	沐浴桶		只	400	400			

二　财务

记账：赵晓　　仓库主管：王洁　　保管：李亚希　　制单：张芳

表 3.172

中国工商银行　进账单　（收账通知）

20×7 年 12 月 24 日

出票人	全　称	北京佳期洁具有限公司	收款人	全称	成都市康健沐桶股份有限公司
	账　号	509016743986		账号	424401201234123456
	开户银行	工行淮海支行		开户银行	工行高新支行
金额	人民币（大写）肆拾伍万柒仟零肆拾元整			亿千百十万千百十元角分	￥4 4 5 2 2 0 0 0
票据种类	电汇	票据张数			
票据号码	25638901				
	复核　记账			开户银行签章	

中国工商银行股份有限公司工业港支行　20×7.12.24　转讫（01）

此联是收款人开户银行交给收款人的收账通知

B130-1(175*85mm)2017.9

⑦12 月 24 日，因质量与合同不符，上海易达贸易有限公司退回上月所购浴足盆 200 只。相关票据如表 3.173 至表 3.175 所示。

表 3.173

5100171130　四川增值税专用发票　№ 20792571　5100171130　20792571

全国统一发票监制章　四川　国家税务总局监制

记账联　开票日期：20×7 年 12 月 24 日

购买方	名称：上海易达贸易有限公司 纳税人识别号：913101987654321188 地址、电话：上海市杨浦区通北路 78 号 021-59788855 开户行及账户：建行杨浦支行 560007801234				密码区	146>913*1+/7449+>/5*534**69<5+ >7+0+*/++*35/8/+08-<330-90685 >913*1+/7449+>1->>5<*/<+> 6-614012-4506>/6582>>12	
货物或应税劳务、服务名称	规格型号	单位	数量	单价	金额	税率	税额
*日用杂品*浴足盆		只	-200	190.00	-38 000.00	13%	-4 940.00
合计					-38 000.00		-4 940.00
价税合计（大写）	（负数）⊗肆万贰仟玖佰肆拾元整				（小写）￥-42 940.00		
销售方	名称：成都市康健沐桶股份有限公司 纳税人识别号：915101098765432119 地址、电话：成都市高新区富港路 56 号 85681266 开户行及账户：工行高新支行 424401201234123456				备注	开具红字增值税专用发票信息表编号 5101011510000251	

收款人：王小玲　复核：李群　开票人：郑雪　销售方（章）：

成都市康健沐桶股份有限公司　915101098765432119　发票专用章

第一联：记账联　销售方记账凭证

税总函[2015]219 号东港股份有限公司

表 3.174

开具红字增值税专用发票信息表

填开日期：20×7 年 12 月 24 日

销售方	名称	成都市康健沐桶股份有限公司	购买方	名称	上海易达贸易有限公司	
	纳税人识别号	915101098765432119		纳税人识别号	913101987654321188	
开具红字专用发票内容	货物（劳务服务）名称	数量	单价/元	金额/元	税率	税额/元
	浴足盆	200 只	190	38 000.00	13%	4 940.00
	合计	—	—	38 000.00	—	4 940.00
说明	一、购买方□ 对应蓝字专用发票抵扣增值税销项税额情况： 1. 已抵扣□ 2. 未抵扣√ 对应蓝字专用发票的代码：5100171130 号码：0012345 二、销售方□ 对应蓝字专用发票的代码：＿＿＿＿号码：＿＿＿＿					
红字专用发票信息表编号	5101011510000129					

表 3.175

成都市康健沐桶股份有限公司发货单

No. 0000205

20×7 年 12 月 24 日

编号	名称	规格	单位	数量		单价	金额	备注
				应发	实发			
	浴足盆		只	200	200			退货

二　财务

记账：赵晓　　仓库主管：王洁　　保管：李亚希　　制单：张芳

⑱12 月 25 日，公司对存货进行盘点，发现油漆短缺 20 千克，原因待查。其盘存表如表 3.176 所示。

表 3.176 **成都市康健沐桶股份有限公司盘存表**

类别：原材料　　　　20×7 年 12 月 25 日　　　　存放地点：材料物资仓库

品名规格	单位	盘存数		账存数		盈(+)亏(-)数		盈亏原因
		数量	金额	数量	金额	数量	金额	
油漆	千克	1 980		2 000		-20		待查
合计	千克	1 980		2 000		-20		

供应负责人：张凡　　财务：赵晓　　收盘人：曲天　　保管员：李亚希

⑲12 月 25 日，销售科王国庆，报销本月销售科差旅费 4 350 元，以现金支票付讫，相关票据如表 3.177 至表 3.183 所示。

表 3.177 **康健沐桶股份有限公司公司差旅费报销单**

预借金额：5 000.00（定额备用金）　实报金额：4 350.00　应补（退）金额：4 350.00

报账日期：20×7 年 12 月 25 日　　　　附件 6

部　门		办公室		姓名	王国庆		出差事由			
起止日期				起止地点	车船费	住宿费	补贴	其他	合计	说明事项
月	日	月	日							
12	3	12	8	成都—上海	934.00	594.00	900.00		2 428.00	备用金
12	11	12	15	成都—北京	756.00	416.00	750.00		1 922.00	
				合　计	1 690.00	1 010.00	1 650.00		4 350.00	
报销金额合计（大写）肆仟叁佰伍拾元整										

公司负责人：　　部门负责人：谢平勇　　审核：李群　　会计：赵君　　出差人：王国庆

表 3.178

中国工商银行
现金支票存根 （川）

$\frac{B}{0}\frac{B}{2}$ 02089323

附加信息

出票日期 20×7 年 12 月 25 日

收款人：	王国庆
金　额：	4 350.00
用　途：	补足备用金

单位主管　　　　会计

表 3.179

3100171130

四川增值税专用发票

全国统一发票监制章 四川 国家税务总局监制

发票联

№ 31245678　3100171130
31245678

开票日期：　20×7 年 12 月 8 日

购买方	名　　称：成都市康健沐桶股份有限公司 纳税人识别号：915101098765432119 地 址、电 话：成都市高新区富港路 56 号 85681266 开户行及账户：工行高新支行 424401201234123456	密码区	7+2744+＜18＜02-2+7169*8＞＞0703＞ 4528333117 ＜ 3607814791/2*-94/302-872 ＜ ＞ 18 ＜ 4 ＜ +5+756 ＜ *+ ＞ ＞ 46510-528987228＜3607923＜＞5

货物或应税劳务、服务名称	规格型号	单位	数量	单价	金额	税率	税额
*住宿服务*住宿费			5 天	112.08	560.40	6%	33.60
合计					560.40		33.60
价税合计（大写）	⊗ 伍佰玖拾肆元整				（小写）￥594.00		

销售方	名　　称：上海如家酒店有限公司 纳税人识别号：91310025463218122Y 地 址、电 话：上海市青浦区蟠龙路 200 号 021-69768266 开户行及账户：建行上海徐泾支行 31001984300060876066	备注	上海如家酒店有限公司 91310025463218122Y 发票专用章 310008123467

收款人：林立　　　　复核：罗敏　　　　开票人：孟芳　　　　销售方（章）

税总函[2017]219 号西安印钞有限公司

第三联：发票联　购买方记账凭证

表 3.180

3100171130

四川增值税专用发票

全国统一发票监制章 四川 国家税务总局监制

№ 31245678　3100171130

31245678

抵扣联　　开票日期：　20×7 年 12 月 8 日

购买方	名　　称：成都市康健沐桶股份有限公司 纳税人识别号：915101098765432119 地 址、电 话：成都市高新区富港路 56 号 85681266 开户行及账户：工行高新支行 424401201234123456	密码区	7+2744+＜18＜02-2+7169*8＞＞0703＞ 4528333117＜3607814791/2*-94/302-872 ＜＞18＜4＜+5+756＜*+＞＞ 46510-528987228＜3607923＜＞5

货物或应税劳务、服务名称	规格型号	单位	数量	单价	金额	税率	税额
*住宿服务*住宿费			5 天	112.08	560.40	6%	33.60
合计					560.40		33.60
价税合计（大写）	⊗ 伍佰玖拾肆元整				（小写）¥594.00		

销售方	名　　称：上海如家酒店有限公司 纳税人识别号：91310025463218122Y 地 址、电 话：上海市青浦区蟠龙路 200 号 021-69768266 开户行及账户：建行上海徐泾支行 31001984300060876066	备注	上海如家酒店有限公司 91310025463218122Y 发票专用章 3100081234567

收款人：林立　　复核：罗敏　　开票人：孟芳　　销售方（章）：

税总函[2017]219 号西安印钞有限公司

第二联：发票联　购买方扣税凭证

表 3.181

1100171130

四川增值税专用发票

全国统一发票监制章 四川 国家税务总局监制

№ 35297531　1100171130

35297531

发票联　　开票日期：　20×7 年 12 月 15 日

购买方	名　　称：成都市康健沐桶股份有限公司 纳税人识别号：915101098765432119 地 址、电 话：成都市高新区富港路 56 号 85681266 开户行及账户：工行高新支行 424401201234123456	密码区	6+3855+＜18＜02-2+7169*8＞＞0703＞ 4528333117＜3607814791/2*-94/302-872 ＜＞18＜4＜+5+756＜*+＞＞ 46510-528987228＜4718034＜＞7

货物或应税劳务、服务名称	规格型号	单位	数量	单价	金额	税率	税额
*住宿服务*住宿费			4 天	98.11	392.44	6%	23.56
合计					392.44		23.56
价税合计（大写）	⊗ 肆佰壹拾陆元整				（小写）¥416.00		

销售方	名　　称：北京如家酒店有限公司 纳税人识别号：91110036573219255Y 地 址、电 话：北京市顺义区天竺路 16 号 010-64570088 开户行及账户：建行北京天竺支行 11001984300060812345	备注	北京如家酒店有限公司 91110036573219255Y 发票专用章 1100081126165

收款人：万春艳　　复核：张怡　　开票人：罗春艳　　销售方（章）：

税总函[2017]219 号西安印钞有限公司

第三联：发票联　购买方记账凭证

表 3.182

四川增值税专用发票

1100171130　　　　No 35297531　1100171130
35297531

抵扣联　　　　开票日期：20×7 年 12 月 15 日

购买方	名　　称：成都市康健沐桶股份有限公司 纳税人识别号：915101098765432119 地 址、电 话：成都市高新区富港路 56 号 85681266 开户行及账户：工行高新支行 424401201234123456	密码区	6+3855+<18<02-2+7169*8>>0703> 4528333117<3607814791/2*-94/302-872 <>18<4<+5+756<*+>> 46510-528987228<4718034<>7

货物或应税劳务、服务名称	规格型号	单位	数量	单价	金额	税率	税额
*住宿服务*住宿费			4 天	98.11	392.44	6%	23.56
合计					392.44		23.56
价税合计（大写）	⊗ 肆佰壹拾陆元整				（小写）¥416.00		

销售方	名　　称：北京如家酒店有限公司 纳税人识别号：91110036573219255Y 地 址、电 话：北京市顺义区天竺路 16 号 010-64570088 开户行及账户：建行北京天竺支行 11001984300060812345	备注	北京如家酒店有限公司 91110036573219255Y 发票专用章

收款人：万春艳　　复核：张怡　　开票人：罗春艳　　销售方（章）

税总函[2017]219 号西安印钞有限公司

第二联：发票联 购买方扣税凭证

⑧0 12 月 28 日，公司向上海通广贸易有限公司销售浴足盆 400 只，沐浴桶 100 只，款未收，相关票据如表 3.183、表 3.184 所示。

表 3.183

四川增值税专用发票

5100171130　　　　No 20792572　5100171130
20792572

记账联　　　　开票日期：20×7 年 12 月 28 日

购买方	名　　称：上海通广贸易有限公司 纳税人识别号：91310101763978558 地 址、电 话：上海市杨浦区泰华 32 号 021-59000876 开户行及账户：建行泰华支行 560001875398	密码区	368>913*1+/7449+>/5*534**69<5+ >7+0+*/++*35/8/+08-<330-90685 >913*1+/7449+>1->>5<*/<+> 6-614012-5617>/7693>>46

货物或应税劳务、服务名称	规格型号	单位	数量	单价	金额	税率	税额
*日用杂品*浴足盆		只	400	200.00	80 000.00	13%	10 400.00
*日用杂品*沐浴桶		只	100	1 600.00	160 000.00	13%	20 800.00
合计					240 000.00		31 200.00
价税合计（大写）	⊗贰拾柒万壹仟贰佰元整				（小写）¥271 200.00		

销售方	名　　称：成都市康健沐桶股份有限公司 纳税人识别号：915101098765432119 地 址、电 话：成都市高新区富港路 56 号 85681266 开户行及账户：工行高新支行 424401201234123456	备注	成都市康健沐桶股份有限公司 915101098765432119 发票专用章

收款人：王小玲　　复核：李群　　开票人：郑雪　　销售方（章）

税总函[2015]219 号东港股份有限公司

第一联：记账联 销售方记账凭证

表 3.184　　**成都市康健沐桶股份有限公司发货单**　　No. 0000206

20×7 年 12 月 28 日

编号	名称	规格	单位	数量		单价	金额	备注
				应发	实发			
	浴足盆		只	400	400			
	沐浴桶		只	100	100			

二　财务

记账：赵晓　　仓库主管：王洁　　保管：李亚希　　制单：张芳

⑧12 月 28 日，公司收到市自来水公司水费托收 468.74 元（含税），企业承付，相关票据如表 3.185 至表 3.187 所示。

表 3.185

中国工商银行委托收款单凭证（付款通知）**5**　　**委收号码：3273**

委托日期：20×7 年 12 月 28 日

收款人	全　称	市自来水公司			付款人	全　称	成都市康健沐桶股份有限公司
	账　号	820000505172				账　号	424401201234123456
	开户行	工行南街营业部	行号	302		开户行	工行高新支行

人民币（大写）	肆佰陆拾捌元柒角肆分	十	万	千	百	十	元	角	分
				¥	4	6	8	7	4

新款内容	12 月水费	委收凭据名称	发票	附寄单证张数	2
备注：工业 468.74 委邮		付款单位注意： 1、根据结算办法，上列委收款，如在付款期限内未拒付时，即视同全部同意付款，以此联代付款通知。 2、如需提前付款或多付款时，应另写书面通知送银行办理。 3、如系全部或部分拒付，应在付款期限内另填拒付款理由书送银行办理。			

中国工商银行股份有限公司高新支行　20×7.12.28　转讫　(01)

此联付款人开户行给付款人的付款通知

单位主管　　会计　　复核　　记账　　付款人开户行盖章

表 3.186

四川增值税专用发票

全国统一发票监制章 四川 国家税务总局监制

5101177130　　№ 00863123　5101177130

00863123

发票联

开票日期：　20×7 年 12 月 28 日

购买方	名　　称：成都市康健沐桶股份有限公司 纳税人识别号：915101098765432119 地 址、电 话：成都市高新区富港路 56 号 85681266 开户行及账户：工行高新支行 424401201234123456	密码区	0+3857+＜18＜02-2+7169*8＞＞0703＞ 4528333117＜3607814791/2*-94/302-872 ＜＞18＜6＜+5+756＜*+＞＞ 46510-528333117<4718037<>7

货物或应税劳务、服务名称	规格型号	单位	数量	单价	金额	税率	税额
*水冰雪*工业用水		立方米	133.85	3.40	455.09	3%	13.65
合计					455.09		13.65
价税合计（大写）	⊗肆佰陆拾捌元柒角肆分				（小写）￥468.74		

销售方	名　　称：成都市自来水公司 纳税人识别号：91510109056432789P 地址、电话：成都高新区南宁路号 8 号[028]85098543 开户行及账号：工行南街营业部 4445678200005051172	备注	

收款人：李芳　　复核：李燕　　开票人：林琳　　销售方（章）：

成都市自来水公司 91510109056432789P 发票专用章

第三联：发票联　购买方记账凭证

税总函[2017]219 号西安印钞有限公司

表 3.187

四川增值税专用发票

全国统一发票监制章 四川 国家税务总局监制

5101177130　　№ 00863123　5101177130

00863123

抵扣联

开票日期：　20×7 年 12 月 28 日

购买方	名　　称：成都市康健沐桶股份有限公司 纳税人识别号：915101098765432119 地 址、电 话：成都市高新区富港路 56 号 85681266 开户行及账户：工行高新支行 424401201234123456	密码区	0+3857+＜18＜02-2+7169*8＞＞0703＞ 4528333117＜3607814791/2*-94/302-872 ＜＞18＜6＜+5+756＜*+＞＞ 46510-528333117<4718037<>7

货物或应税劳务、服务名称	规格型号	单位	数量	单价	金额	税率	税额
*水冰雪*工业用水		立方米	133.85	3.40	455.09	3%	13.65
合计					455.09		13.65
价税合计（大写）	⊗肆佰陆拾捌元柒角肆分				（小写）￥468.74		

销售方	名　　称：成都市自来水公司 纳税人识别号：91510109056432789P 地址、电话：成都高新区南宁路号 8 号[028]85098543 开户行及账号：工行南街营业部 4445678200005051172	备注	

收款人：李芳　　复核：李燕　　开票人：林琳　　销售方（章）：

成都市自来水公司 91510109056432789P 发票专用章

第二联：抵扣联　购买方扣税凭证

税总函[2017]219 号西安印钞有限公司

⑧②12 月 28 日，公司收到市供电公司电费托收 4 634 元（含税），企业承付。相关票据如表 3.188 至表 3.190 所示。

表 3.188　**中国工商银行委托收款单凭证**（付款通知）5　　委收号码：3274

委托日期：20×7 年 12 月 28 日

收款人	全　称	市供电公司			付款人	全　称	成都市康健沐桶股份有限公司			
	账　号	820000505172				账　号	424401201234123456			
	开户行	工行北街营业部	行号	301		开户行	工行高新支行			
人民币（大写）	肆仟陆百叁拾肆元整				十	万	千	百	十	元	角	分
						¥	4	6	3	4	0	0
新款内容	12 月电费	委收凭据名称			发票	附寄单据张		3		
备注：工业 4 634.00 元 委邮					付款单位注意： 1、根据结算办法，上列委收款，如在付款期限内未拒付时，即视同全部同意付款，以此联代付款通知。 2、如需提前付款或多付款时，应另写书面通知送银行办理。 3、如系全部或部分拒付，应在付款期限内另填拒付款理由书送银行办理。					

单位主管　　会计　　复核　　记账　　付款人开户行盖章

此联付款人开户行给付款人的付款通知

中国工商银行股份有限公司高新支行 20×7.12.28 转讫 (01)

表 3.189

四川增值税专用发票

5101178130　　发票联　　№ 00753135　5101178130　00753135

全国统一发票监制章 四川 国家税务总局监制

开票日期：　20×7 年 12 月 28 日

购买方	名　　称：成都市康健沐桶股份有限公司 纳税人识别号：915101098765432119 地 址、电 话：成都市高新区富港路 56 号 85681266 开户行及账户：工行高新支行 424401201234123456				密码区	0+4968+＜18＜02-2+7169*8＞＞0703＞ 4528333117＜3607814791/2*-94/302-872 ＜＞18＜6＜+5+756＜*+＞＞ 46510-528333117＜4719148＜＞8	
货物或应税劳务、服务名称	规格型号	单位	数量	单价	金额	税率	税额
*供电*工业用电		度	5 126	0.80	4 100.80	13%	533.20
合计					4 100.80		533.20
价税合计（大写）	⊗肆仟陆百叁拾肆元整				（小写）¥4 634		
销售方	名　　称：成都市供电公司 纳税人识别号：91510100187659843P 地址、电话：成都高新区北街 89 号[028]85876986 开户行及账号：工行高新北街分理处 423456780123				备注		

收款人：　李三　　复核：夏天　　开票人：易晓晓　　销售方（章）：

成都市供电公司 91510100187659843P 发票专用章

税总函[2017]219 号西安印钞有限公司

第三联：发票联　购买方记账凭证

表 3.190

四川增值税专用发票

5101178130　　　　抵扣联　　　　№ 00753135　5101178130　00753135

开票日期：　20×7 年 12 月 28 日

购买方	名　　称：成都市康健沐桶股份有限公司 纳税人识别号：915101098765432119 地 址、电 话：成都市高新区富港路 56 号 85681266 开户行及账户：工行高新支行 424401201234123456				密码区	0+4968+＜18＜02-2+7169*8＞＞0703＞ 4528333117＜3607814791/2*-94/302-872 ＜＞18＜6＜+5+756＜*+＞＞ 46510-528333117＜4719148＜＞8	
货物或应税劳务、服务名称	规格型号	单位	数量	单价	金额	税率	税额
*供电*工业用电		度	5 126	0.80	4 100.80	13%	533.20
合计					4 100.80		533.20
价税合计（大写）	⊗肆仟陆百叁拾肆元整				（小写）￥4 634		
销售方	名　　称：成都市供电公司 纳税人识别号：91510100187659843P 地址、电话：成都高新区北街 89 号[028]85876989 开户行及账号：工行高新北街分理处 423456780123				备注		

收款人：李三　　　复核：　夏天　　　开票人：易晓晓　　　销售方（章）：

税总函[2017]219 号西安印钞有限公司

第二联：抵扣联　购买方扣税凭证

⑧③12 月 29 日，公司收到泰达装修公司转来的本月房租 6 800 元，相关票据如表 3.191、表 3.192所示。

表 3.191　　中国工商银行　进账单　（回单）

20×7 年 12 月 29 日

出票人	全　称	泰达装修公司	收款人	全称	成都市康健沐桶股份有限公司
	账　号	5901011109222779666		账号	424401201234123456
	开户银行	农行工业港支行		开户银行	工行高新支行
金额	人民币（大写）陆仟捌佰元整			亿千百十万千百十元角分	￥6 8 0 0 0 0
票据种类	支票	票据张数			
票据号码	00203456				
复核　记账			开户银行签章		中国工商银行股份有限公司高新支行 20×7.12.29 转讫 (01)

B130-1(175*85mm)2017.9

此联是收款人开户银行交给收款人的收账通知

表 3.192

四川增值税普通发票

5100171130　　　　№ 00152014　5100171130
　　　　　　　　　　　　00152014

（全国统一发票监制章 四川 国家税务总局监制）

记 账 联

机器编号：499099880912　　　　开票日期：20×7 年 12 月 15 日

购买方	名　　称：泰达装修公司 纳税人识别号：91510103210102887P 地 址、电 话：四川成都市胜利路 56 号 028-86681234 开户行及账户：工行胜利支行 424401206789112698	密码区	023＞013*1+／7449+＞／5*534**69＜5+ ＞7+0+*／++*35／8／+14-＜330-90685 ＞913*1+／7449+＞1-＞＞5＜*／＜+＞ 6-614012-2514＞／6582＞＞58

货物或应税劳务、服务名称	规格型号	单位	数量	单价	金额	税率	税额
*经营租赁*房屋租金				6 476.19	6 476.19	5%	323.81
合计					6 476.19		323.81
价税合计（大写）	⊗陆千捌佰元整				（小写）¥6 800.00		

销售方	名　　称：成都市康健沐桶股份有限公司 纳税人识别号：915101098765432119 地 址、电 话：成都市高新区富港路 56 号 85681266 开户行及账户：工行高新支行 424401201234123456	备注	20×7 年 1 月 1 日—20×7 年 12 月 31 日

收款人：王小玲　　复核：李群　　开票人：郑雪　　销售方（章）：

（成都市康健沐桶股份有限公司 915101098765432119 发票专用章 500100198562）

税总函[2015]219 号东港股份有限公司

第一联：记账联　销售方记账凭证

⑭12 月 29 日，公司向河北鼎辉木业有限公司支付原木款，相关票据如表 3.193、表 3.194 所示。

表 3.193

中国工商银行结算业务申请书 X Ⅶ0123456789

申请日期　20×7 年 12 月 29 日

业务类型	√电汇　□信汇　□汇票　□本票　□其他		汇款方式	√普通　□加急	
申请人 全称	成都市康健沐桶股份有限公司	收款人 全称	河北鼎辉木业有限公司		
账号或地址	424401201234123456	账号或地址	180203308115990775		
开户行名称	工行高新支行	开户行名称	工行裕华路支行		
金额（大写）人民币 肆拾伍万叁仟叁佰柒拾伍元整			¥453 375.00（亿千百十万千百十元角分：¥ 4 5 3 3 7 5 0 0）		
付出行签章		支付密码 5612 4567 9856			
		附加信息及用途：货款			
银行打印					

客户填写

会计主管：　　复核：　　记账：

（中国工商银行股份有限公司高新支行 20×7.12.29 转讫 (01)）

第三联 回单联

表 3. 194

中国工商银行 客户回执

收费客户回单

20×7 年 12 月 29 日

账号：424401201234123456

户名：成都市康健沐桶股份有限公司

交易量： 0 交易金额： 币种： 01

业务种类：单位小额支付汇兑 多级账簿编号：

收费种类名称： 收费金额：

单位小额支付电子汇划费 15.00

单位小额汇兑手续费 按笔 0.50

收费合计（大写）：壹拾伍元零伍角整

收费合计（小写）：15.50

交易柜员： 张雪梅

（印章：中国工商银行股份有限公司高新支行 20×7.12.29 转讫 (01)）

⑧⑤12 月 29 日，经调查，25 日油漆盘亏系保管员李亚希责任，公司对该问题的处理决定如表 3. 195 所示。

表 3. 195

成都市康健沐桶股份有限公司
关于 12 月 25 日油漆盘亏问题的处理决定

[20×7]第 219 号

公司各部门、车间：

20×7 年 12 月 25 日，我公司在对存货进行盘点时，发现油漆短缺 20 公斤，成本 400 元。经调查，系仓库保管员李亚希监守自盗。依据公司＜内部管理实施细则＞第 45 条的规定，经公司董事会研究决定，给予韩东记过处分一次，责令其全额赔偿，并处罚款 100 元。

（印章：成都市康健沐桶股份有限公司 5101001234567）

20×7 年 12 月 29 日

㊇12 月 29 日，计提本月投资性房地产折旧，投资性房地产折旧计算表如表 3.196 所示。

表 3.196 **投资性房地产折旧计算表**

20×7 年 12 月

房产名称	期初房产原值	月折旧率	本月应计提折旧额
出租房屋建筑物			
合计			

㊈12 月 30 日，公司计算东北债券半年利息。该债券为 20×7 年 1 月 1 日购买的当日发行的债券，期限 2 年，每半年付息一次，付息日为 7 月 1 日和 1 月 1 日，到期还本。债券面值 200 000 元，实际支付 207 259 元，票面年利率 10%，实际年利率 8%（不考虑相关税费）。债权投资摊余成本计算表如表 3.197 所示。

表 3.197 **债权投资摊余成本计算表**

编制单位：成都康健沐桶股份有限公司　　20×7 年 12 月　　单位：元

计息日期	期初摊余成本	实际利息收入	现金流入	期末摊余成本

㊉12 月 30 日，摊销本月专利权，专利权摊销表如表 3.198 所示。

表 3.198 **专利权摊销表**

编制单位：康健沐桶股份有限公司公司　20×7 年 12 月　　单位：元

原始价值	摊销期限（年）	年摊销额	月摊销额
120 000	10		

⑧⑨12 月 30 日，公司收到上海佳美超市代销清单，已销售浴足盆 600 只，沐浴桶 300 只，扣除手续费后的价款已收到，相关票据如表 3.199 至表 3.203 所示。

表 3.199

5100171130　　　**四川增值税专用发票**　　　№ 20792574　5100171130

全国统一发票监制章　四川　国家税务总局监制

20792574

记账联　　　开票日期：　20×7 年 12 月 30 日

购买方	名　　称：上海佳美超市 纳税人识别号：913101058765432618 地 址、电 话：上海市长宁区北港西路 24 号 021-87653866 开户行及账户：工行长宁支行 6222021001033244288				密码区	023＞013*1+ / 7449+＞ / 5*534**69＜5+ ＞7+0+* / ++*35 / 8 / +08-＜330-90685 ＞913*1+ / 7449+＞1-＞＞5＜* / ＜+＞ 6-614012-4506＞ / 6582＞＞22	
货物或应税劳务、服务名称	规格型号	单位	数量	单价	金额	税率	税额
*日用杂品*浴足盆			600	200.00	120 000.00	13%	15 600.00
*日用杂品*沐浴桶			300	1 800.00	540 000.00	13%	70 200.00
合计					660 000.00		85 800.00
价税合计（大写）	⊗柒拾肆万伍仟捌佰元整				（小写）¥745 800.00		
销售方	名　　称：成都市康健沐桶股份有限公司 纳税人识别号：915101098765432119 地 址、电 话：成都市高新区富港路 56 号 85681266 开户行及账户：工行高新支行 424401201234123456				备注		

收款人：王小玲　　　复核：李群　　　开票人：郑雪　　　销售方（章）：

成都市康健沐桶股份有限公司　915101098765432119　发票专用章　5001001198562

税总函[2015]219 号东港股份有限公司

第一联：记账联　销售方记账凭证

表 3.200

中国工商银行　进账单　（回单）

20×7 年 12 月 30 日

出票人	全　称	上海佳美超市	收款人	全称	成都市康健沐桶股份有限公司
	账　号	6222021001033244288		账号	424401201234123456
	开户银行	上海市工行长宁支行		开户银行	工行高新支行
金额	人民币（大写）柒拾肆万伍仟捌佰元整			亿千百十万千百十元角分	¥74580000
票据种类	电汇	票据张数			
票据号码	00204532				
复核　记账			开户银行签章		

中国工商银行股份有限公司高新支行　20×7.12.30　转讫（01）

B130-1(175*85mm)2016.9

此联是收款人开户银行交给收款人的收账通知

表 3.201

上海佳美超市代销清单

代销时间：20×7 年 12 月 30 日

商品名称	数量（只）	单价（元）	金额（元）	备注
浴足盆	600	200	120 000	
沐浴桶	300	1 800	450 000	
合计				

表 3.202

上海增值税专用发票

5101175120

国家税务总局监制 上海

№ 00164178 5101175120

00164178

发票联

开票日期： 20×7 年 12 月 30 日

税总函[2017]219 号西安印钞有限公司

购买方	名　　称：成都市康健沐桶股份有限公司 纳税人识别号：915101098765432119 地 址、电 话：成都市高新区富港路 56 号 85681266 开户行及账户：工行高新支行 424401201234123456	密码区	7+1682+＜18＜02-2+7169*8＞＞0703＞ 6528443117＜3607814791/2*-94/302-872 ＜ ＞ 18 ＜ 4 ＜ +5+756 ＜ *+ ＞ ＞ 46510-528333117＜5417812＜＞2

货物或应税劳务、服务名称	规格型号	单位	数量	单价	金额	税率	税额
*经纪代理服务*代销手续费			900	55.345 911 1	49 811.32	6%	2 988.68
合计					49 811.32		2 988.68
价税合计（大写）	⊗ 伍万贰仟捌佰元整				（小写）¥52800		

销售方	名　　称：上海佳美超市 纳税人识别号：913101058765432618 地 址、电 话：上海市长宁区北港西路 24 号 021-87653866 开户行及账户：工行长宁支行 6222021001033244288	备注	上海佳美超市有限公司 913101058765432618 发票专用章 3101001234 76

第三联：发票联 购买方记账凭证

收款人：丁伟　　复核：王丽　　开票人：丁伟　　销售方（章）：

表 3.203

5101175120

上海增值税专用发票

上海

国家税务总局监制

抵扣联

№ 00164178 5101175120

00164178

开票日期： 20×7年12月30日

购买方	名　　称：成都市康健沐桶股份有限公司 纳税人识别号：915101098765432119 地 址、电 话：成都市高新区富港路56号 85681266 开户行及账户：工行高新支行 424401201234123456				密码区	7+1682+＜18＜02-2+7169*8＞＞0703＞ 6528443117＜3607814791/2*-94/302-872 ＜＞18＜4＜+5+756＜*+＞＞ 46510-528333117＜5417812＜＞2	
货物或应税劳务、服务名称	规格型号	单位	数量	单价	金额	税率	税额
*经纪代理服务*代销手续费			900	55.345 911 1	49 811.32	6%	2 988.68
合计					49 811.32		2 988.68
价税合计（大写）	⊗ 伍万贰仟捌佰元整					（小写）¥52 800	
销售方	名　　称：上海佳美超市 纳税人识别号：913101058765432618 地 址、电 话：上海市长宁区北港西路24号 021-87653866 开户行及账户：工行长宁支行 6222021001033244288				备注	上海佳美超市有限公司 913101058765432618 发票专用章 3101001234 76	

收款人：丁伟　　复核：王丽　　开票人：丁伟　　销售方（章）：

税总函[2017]219号西安印钞有限公司

第二联：抵扣联 购买方扣税凭证

⑨⑩12月30日，公司支付本月电话费3 200元，相关票据如表3.204至表3.207所示。

表 3.204

中国工商银行委托收款单凭证（付款通知）　　**委收号码：**

付款期限	年	月

委托日期：20×7年12月30日

付款人	全　称	市电信局			付款人	全　称	成都市康健沐桶股份有限公司					
	账　号	621220120123412845				账　号	424401201234123456					
	开户行	市工行营业部	行号	302		开户行	工行高新支行					
人民币（大写）		叁仟贰佰元整				十	万	千	百	十	元	角	分
							¥	3	2	0	0	0	0
新款内容	12月电费	委收凭据名称	发票		附寄单据张		4					

委邮 / 成都市电信局财务专用章	款项内容				协议号 20106	
	市话月租费	200.00	自动长话费	1050.00	移动月租费	150.00
	市话通话费	900.00	人工长话费	0.00	移动月租费	700.00
	信息服务费	0.00	电报费	0.00	漫游通话费	200.00
	初装费	0.00	出租代维费	0.00	BP月租费	0.00
	工料费	0.00	数码通信费	0.00	语音信箱费	0.00
	代收新太费	0.00	号簿费	0.00	补偿费	0.00
	代收银丰费	0.00	其他	0.00	滞纳金	0.00

单位主管　　会计　　复核　　记账　　付款人开户行盖章　　年　月　日

表 3.205

成都市康健沐桶股份有限公司
关于12月电话费的使用通告

[20×7]第 220 号

财务部：

根据公司总机电脑记录，本月销售部门发生电话费用 1 700元；其他管理部门发生电话费用 1 500 元。

成都康健沐桶股份有限公司 ★ 5101001234567

公司总经理办公室

20×7年12月30日

表 3.206

四川增值税专用发票

全国统一发票监制章 四川 国家税务总局监制

发票联

5100194130　　№ 30546877 5100194130

30546877

开票日期：　20×7 年 12 月 07 日

购买方	名　　称：成都市康健沐桶股份有限公司 纳税人识别号：915101098765432119 地 址、电 话：成都市高新区富港路 56 号 85681266 开户行及账户：工行高新支行 424401201234123456	密码区	6+0951+＜18＜02-2+7169*8＞＞0145＞ 4528333117＜3607814791/2*-94/302-872 ＜＞78＜4＜+5+756＜*+＞＞ 46510-528333117＜3607812＜＞7

货物或应税劳务、服务名称	规格型号	单位	数量	单价	金额	税率	税额
*电信服务*电信增值服务费	无	项	1	1 886.79	1 886.79	6%	113.21
*电信服务*电信基础服务费	无	项	1	1 100.92	1 100.92	9%	99.08
合计					2 987.71		212.29
价税合计（大写）	⊗叁仟贰佰元整				（小写）￥3 200		

销售方	名　　称：中国电信有限公司成都分公司 纳税人识别号：915101006721511356 地 址、电 话：成都市高新区东风街道 8 号 028-85651456 开户行及账户：中国工商银行东风支行 340502305116789512	备注	中国电信股份有限公司成都分公司 9151010123451113496 发票专用章

收款人：王峰　　复核：李萍　　开票人：武城　　销货单位（章）

税总函[2017]299 号西安印钞有限公司

第三联：发票联　购买方记账凭证

表 3.207

5100194130

四川增值税专用发票

全国统一发票监制章 四川 国家税务总局监制

抵扣联

№ 30546877 5100194130

30546877

开票日期： 20×7 年 12 月 07 日

税总函[2017]299 号西安印钞有限公司

购买方	名　　称：成都市康健沐桶股份有限公司 纳税人识别号：915101098765432119 地 址、电 话：成都市高新区富港路 56 号 85681266 开户行及账户：工行高新支行 424401201234123456				密码区	6+0951+＜18＜02-2+7169*8＞＞0145＞ 4528333117＜3607814791/2*-94/302-872 ＜＞78＜4＜+5+756＜*+＞＞ 46510-528333117＜3607812＜＞7		
货物或应税劳务、服务名称	规格型号	单位	数量	单价	金额	税率	税额	
*电信服务*电信增值服务费	无	项	1	1 886.79	1 886.79	6%	113.21	
*电信服务*电信基础服务费	无	项	1	1 100.92	1 100.92	9%	99.08	
合计					2 987.71		212.29	
价税合计（大写）	⊗叁仟贰佰元整				（小写）¥3 200			
销售方	名　　称：中国电信有限公司成都分公司 纳税人识别号：915101006721511356 地 址、电 话：成都市高新区东风街道 8 号 028-85651456 开户行及账户：中国工商银行东风支行 340502305116789512				备注	中国电信股份有限公司成都分公司 915101012345113496 发票专用章		

第二联：抵扣联 购买方扣税凭证

收款人：王峰　　复核：李萍　　开票人：武城　　销货单位（章）

⑨12 月 31 日，美元兑人民币汇率 1∶6.119 0，汇兑损益计算表如表 3.208 所示。

表 3.208

汇兑损益计算表

编制单位：成都康健沐桶股份有限公司　　20×7 年 12 月　　金额单位：元

外币账户	外币币种	外币金额	年末记账本位币原有余额	汇率	年末记账本位币应有余额	年末应计提的汇总损益

复核：　　制表：

⑨②12 月 31 日，最后一个交易日收盘价平安银行每股 24.37 元，TCL 科技每股 5.13 元，公允价值变动损益计算表如表 3.209 所示。

表 3.209　　公允价值变动损益计算表

编制单位：成都康健沐桶股份有限公司　　20×7 年 12 月　　金额单位：元

金额资产名称	成本	市价	本次公允价值变动额	原公允价值变动额	差额

复核：　　制表：

⑨③12 月 31 日，经查，公司年末存货、长期股权投资、债权投资、固定资产没有发生减值。按规定计提坏账准备，其坏账准备提取计算表如表 3.210 所示。

表 3.210　　坏账准备提取计算表

编制单位：成都康健沐桶股份有限公司　　20×7 年 12 月　　金额单位：元

年末应收账款余额	计提比例/%	年末坏账准备应有余额	年末坏账准备原有余额	应计提（+）或冲回（-）坏账准备

复核：　　制表：

⑨④12 月 31 日，包装车间已领未用纸箱办理退料手续，其原材料退料单如表 3.211 所示。

表 3.211　　成都市康健沐桶股份有限公司原材料退料单　　No. 0000813

退料部门：包装车间　　退料时间：20×7 年 12 月 31 日

用途：							
材料编号	材料名称	规格型号	单位	请退数	实退数	单价	金额
	纸箱 1 号		个	76	76		
	纸箱 2 号		个	120	120		

供应负责人：张凡　　领用负责人：易红军　　保管员：李亚希　　领料人：王笑天

⑮12 月 31 日，编制本月发出材料汇总表，如表 3.212 所示，计算发出材料应负担的材料成本差异，并作相应的账务处理。

表 3.212　　**发出材料汇总表**

编制单位：成都康健沐桶股份有限公司　　20×7 年 12 月　　金额单位：元

材料名称	木板材	拼板胶	不锈钢带	油漆
实发数量				
其中：生产领用				
其他发出				
计划单价				
计划总成本				
本月材料成本差异率				
实际总成本				
其中：生产领用				
其他发出				

复核：　　制表：

⑯12 月 31 日，根据本月各车间产量资料，计算填列本月表中空白处工人工资并进行工资分配，相关票据如表 3.213、表 3.214 所示。

表 3.213　　**工资结算汇总表**

编制单位：成都康健沐桶股份有限公司　　20×7 年 12 月　　金额单位：元

项目	人数	基本工资	应付工资	代扣款项					实发工资
				失业	医疗	养老	个税	合计	
加工车间	96			1 774	3 548	14 192	105	19 619	
生产工人	92			1 556	3 112	12 448	105	17 221	
管理人员	4	6 400	6 400	218	436	1 744	0	2 398	4 002
油漆车间	46			509	1 018	4 072	70	5 669	
生产工人	43			438	876	3 504	70	4 888	
管理人员	3	4 800	4 800	71	142	568	0	781	4 019
包装车间	10			120	240	960	0	1 320	
生产工人	9			110	220	880	0	1 210	
管理人员	1	1 200	1 200	10	20	80	0	110	1 090
机修车间	3	5 560	5 560	54	108	432	0	594	4 966
行政管理	41	66 200	66 200	661	1 322	5 288	220	7 491	58 709
销售部门	20	46 800	46 800	450	900	3 600	270	5 220	41 580
合计	216			3 568	7 136	28 544	665	39 913	

复核：　　制表：

表 3.214

工资费用分配表

编制单位：成都康健沐桶股份有限公司　　20×7 年 12 月　　单位：元

部门		应借会计科目					
		基本生产成本		辅助生产成本	制造费用	管理费用	销售费用
		浴足盆	沐浴桶				
加工车间	生产工人						
	管理人员						
油漆车间	生产工人						
	管理人员						
包装车间	生产工人						
	管理人员						
机修车间							
行政管理							
销售部门							
合　计							

复核：　　制表：

⑨⑦12 月 31 日，分配单位承担的社保，如表 3.215、表 3.216 所示。

表 3.215

单位负担社保汇总表

编制单位：成都康健沐桶股份有限公司20×7 年 12 月　　单位：元

项目	失业保险	医疗保险	养老保险	生育保险	工伤保险	合计
加工车间	1 064.4	11 531	28 384	1 419.2	1 241.8	43 640.4
生产工人	933.6	10 114	24 896	1 244.8	1 089.2	38 277.6
管理人员	130.8	1 417	3 488	174.4	152.6	5 362.8
油漆车间	305.4	3 308.5	8 144	407.2	356.3	12 521.4
生产工人	262.8	2 847	7 008	350.4	306.6	10 774.8
管理人员	42.6	461.5	1 136	56.8	49.7	1 746.6
包装车间	72	780	1 920	96	84	2 952
生产工人	66	715	1 760	88	77	2 706
管理人员	6	65	160	8	7	246
机修车间	32.4	351	864	43.2	37.8	1 328.4
行政管理	396.6	4 296.5	10 576	528.8	462.7	16 260.6
销售部	270	2 925	7 200	360	315	11 070
合计	2 140.8	23 192	57 088	2 854.4	2 497.6	87 772.8

表 3.216　　**单位承担社保分配表**（车间工人按工资比例分配）

编制单位：成都康健沐桶股份有限公司　20×7 年 12 月　　单位：元

部门		应借会计科目					
		基本生产成本		辅助生产成本	制造费用	管理费用	销售费用
		浴足盆	沐浴桶				
加工车间	生产工人						
	管理人员						
油漆车间	生产工人						
	管理人员						
包装车间	生产工人						
	管理人员						
机修车间							
行政管理							
销售部门							
合　计							

复核：　　　　制表：

⑱12 月 31 日，计提职工教育经费，其提取计算表如表 3.217 所示。

表 3.217　　**职工教育经费提取计算表**（计提比例 1.5%）

编制单位：成都康健沐桶股份有限公司　20×7 年 12 月　　单位：元

部门		应借会计科目					
		基本生产成本		辅助生产成本	制造费用	管理费用	销售费用
		浴足盆	沐浴桶				
加工车间	生产工人						
	管理人员						
油漆车间	生产工人						
	管理人员						
包装车间	生产工人						
	管理人员						
机修车间							
行政管理							
销售部门							
合　计							

复核：　　　　制表：

⑲12 月 31 日，计提工会经费，其提取计算表如表 3.218 所示。

表 3.218　**工会经费提取计算表**（计提比例 2%）

编制单位：成都康健沐桶股份有限公司　　20×7 年 12 月　　单位：元

部门		应借会计科目					
		基本生产成本		辅助生产成本	制造费用	管理费用	销售费用
		浴足盆	沐浴桶				
加工车间	生产工人						
	管理人员						
油漆车间	生产工人						
	管理人员						
包装车间	生产工人						
	管理人员						
机修车间							
行政管理							
销售部门							
合　计							

复核：　　制表：

⑳12 月 31 日，根据本月耗电资料，分配电费，电费分配表如表 3.219 所示。

表 3.219　**电费分配表**

编制单位：成都康健沐桶股份有限公司　　20×7 年 12 月　　金额单位：元

耗用部门	耗用量/度	分配率/%	分配金额	备注
加工车间	2 000			
油漆车间	1 500			
包装车间	100			
机修车间	50			
行政管理	300			
销售部门	1 000			
合 计	4 950			

复核：　　制表：

⑩12 月 31 日，根据本月耗水资料，分配水费，水费分配表如表 3. 220 所示。

表 3. 220

水费分配表

编制单位：成都康健沐桶股份有限公司　　20×7 年 12 月

耗用部门	耗用量/立方米	分配率/%	分配金额/元	备注
行政管理				
合　计				

复核：　　　　制表：

⑩12 月 31 日，根据有关资料分配辅助生产费用，机修车间费用分配表如表 3. 221 所示。

表 3. 221

机修车间费用分配表

编制单位：成都康健沐桶股份有限公司　　20×7 年 12 月

耗用部门	机修/工时	分配率/%	分配金额/元	备注
加工车间	800			
油漆车间	100			
合　计	900			

复核：　　　　制表：

⑩12 月 31 日，分配各基本生产车间各成本计算对象本月应承担的材料费用，相关表单如表 3. 222 至表 3. 225 所示。

表 3. 222

各基本生产车间产量及工时资料

编制单位：成都康健沐桶股份有限公司　　20×7 年 12 月　　单位：只

车间及产品名称		月初在产品数量	本月投产数量	本月实际工时	本月完工数量	月末在产品数量
加工车间	浴足盆	22	4 140	4 200	4 124	38
	沐浴桶	8	2 184	12 600	2 176	16
油漆车间	浴足盆	18	4 124	3 960	4 120	22
	沐浴桶	12	2 176	4 840	2 180	8
包装车间	浴足盆	0	4 120	880	4 120	0
	沐浴桶	0	2 180	880	2 180	0

复核：　　　　制表：

表 3.223

加工车间材料费用分配表

编制单位：成都康健沐桶股份有限公司　　20×7 年 12 月　　金额单位：元

材料名称	产品名称	待分配费用	实际产量	单位定额耗量	实际定额耗量	分配率	耗用量分配额
木板材	浴足盆						
	沐浴桶						
小计							
拼板胶	浴足盆						
	沐浴桶						
小计							
不锈钢带	浴足盆						
	沐浴桶						
小计							
合　计							

复核：　　制表：

表 3.224

油漆车间材料费用分配表

编制单位：成都康健沐桶股份有限公司　　20×7 年 12 月　　金额单位：元

材料名称	产品名称	待分配费用	实际产量	单位定额耗量	实际定额耗量	分配率	耗用量分配额
油漆	浴足盆						
	沐浴桶						
合　计							

复核：　　制表：

表 3.225

包装车间材料费用分配表

编制单位：成都康健沐桶股份有限公司　　20×7 年 12 月

材料名称	产品名称	产品产量/个	材料数量/个	材料成本/元
纸箱 1 号	浴足盆	4 120		
纸箱 2 号	沐浴桶	2 180		
合计				

复核：　　制表：

⑩④12 月 31 日，根据有关资料，对各基本生产车间制造费用进行分配，相关分配表如表 3.226 至表 3.228 所示。

表 3.226

加工车间制造费用分配表

编制单位：成都康健沐桶股份有限公司　　20×7 年 12 月　　金额单位：元

产品名称	生产工时	分配率	分配额
浴足盆			
沐浴桶			
合计			

复核：　　制表：

表 3.227

油漆车间制造费用分配表

编制单位：成都康健沐桶股份有限公司　　20×7 年 12 月　　金额单位：元

产品名称	生产工时	分配率	分配额
浴足盆			
沐浴桶			
合计			

复核：　　制表：

表 3.228

包装车间制造费用分配表

编制单位：成都康健沐桶股份有限公司　　20×7 年 12 月　　金额单位：元

产品名称	生产工时	分配率	分配额
浴足盆			
沐浴桶			
合计			

复核：　　制表：

⑩12 月 31 日，根据有关资料，计算并结转加工车间完工产品成本，相关表单如表 3.229、表 3.230 所示。

表 3.229 加工车间完工产品成本计算单

产品名称：浴足盆　　20×7 年 12 月　　金额单位：元

项目	数量	直接材料	直接人工	制造费用	合计
月初在产品成本					
本月发生额					
本月所耗半成品成本					
生产费用合计					
分配率					
减：月末在产品成本					
本月完工产品总成本					
本月完工产品单位成本					

复核：　　制表：

表 3.230 加工车间完工产品成本计算单

产品名称：沐浴桶　　20×7 年 12 月　　金额单位：元

项目	数量	直接材料	直接人工	制造费用	合计
月初在产品成本					
本月发生额					
本月所耗半成品成本					
生产费用合计					
分配率					
减：月末在产品成本					
本月完工产品总成本					
本月完工产品单位成本					

复核：　　制表：

⑩⑥12 月 31 日，根据有关资料，计算并结转油漆车间完工产品成本，相关表单如表 3.231、表 3.232 所示。

表 3.231　　油漆车间完工产品成本计算单

产品名称：浴足盆　　20×7 年 12 月　　金额单位：元

项目	数量	直接材料	直接人工	制造费用	合计
月初在产品成本					
本月发生额					
本月所耗半成品成本					
生产费用合计					
分配率					
减：月末在产品成本					
本月完工产品总成本					
本月完工产品单位成本					

复核：　　制表：

表 3.232　　油漆车间完工产品成本计算单

产品名称：沐浴桶　　20×7 年 12 月　　金额单位：元

项目	数量	直接材料	直接人工	制造费用	合计
月初在产品成本					
本月发生额					
本月所耗半成品成本					
生产费用合计					
分配率					
减：月末在产品成本					
本月完工产品总成本					
本月完工产品单位成本					

复核：　　制表：

⑩12 月 31 日，根据有关资料，计算并结转包装车间完工产品成本，相关表单如表 3. 233至表 3. 234 所示。

表 3. 233 **包装车间完工产品成本计算单**

产品名称：浴足盆　　20×7 年 12 月　　金额单位：元

项目	数量	直接材料	直接人工	制造费用	合计
月初在产品成本					
本月发生额					
本月所耗半成品成本					
生产费用合计					
分配率					
减：月末在产品成本					
本月完工产品总成本					
本月完工产品单位成本					

复核：　　制表：

表 3. 234 **包装车间完工产品成本计算单**

产品名称：沐浴桶　　20×7 年 12 月　　金额单位：元

项目	数量	直接材料	直接人工	制造费用	合计
月初在产品成本					
本月发生额					
本月所耗半成品成本					
生产费用合计					
分配率					
减：月末在产品成本					
本月完工产品总成本					
本月完工产品单位成本					

复核：　　制表：

表 3. 235 **成都市康健沐桶股份有限公司产成品入库单**　　No. 0000262

包装车间　　20×7 年 12 月

产品名称	规格型号	单位	请入数	实入数	备注

质检员：张凡　　保管员：李亚希　　车间：杨成勇

⑩⑧12 月 31 日，计算并结转本月产品销售成本，相关表单如表 3. 236、表 3. 237 所示。

表 3. 236

本月发出商品汇总表

20×7 年 12 月

商品名称	单位	直接销售				备注
浴足盆	只					
沐浴桶	只					

复核：　　　　　　　　　　　　　　　　　　　　制表：

表 3. 237

产品销售成本计算表

编制单位：成都康健沐桶股份有限公司　　20×7 年 12 月　　金额单位：元

产品名称	单位	月初库存		本月入库		本月销售	
		数量	总成本	数量	总成本	数量	总成本
浴足盆	只						
沐浴桶	只						
合计							

复核：　　　　　　　　　　　　　　　　　　　　制表：

⑩⑨12 月 31 日，计提本月新车间土建借款利息，借款利息预提计算表如表 3. 238 所示。

表 3. 238

借款利息预提计算表

编制单位：成都康健沐桶股份有限公司　　20×7 年 12 月　　金额单位：元

借款本金	利率（月）	月借款利息	其中：应资本化金额为

复核：　　　　　　　　　　　　　　　　　　　　制表：

⑪⓪12 月 31 日，根据本月以上资料，计算并确认房产税、增值税，填制表 3.239、表 3.240。

表 3.239

房产税纳税申报表

税款所属期：自　　年　　月　　日至　　年　月　日

纳税人识别号（统一社会信用代码）：□□□□□□□□□□□□□□□□□□□□

纳税人名称：　　　　　　　　　　　　金额单位：元（列至角分）；面积单位：平方米

本期是否适用增值税小规模纳税人减征政策（减免性质代码：08049901）	□是 □否	本期适用增值税小规模纳税人减征政策起始时间	减征比例（%）	
		本期适用增值税小规模纳税人减征政策终止时间		

一、从价计征房产税

	房产编号	房产原值	其中：出租房产原值	计税比例	税率	所属期起	所属期止	本期应纳税额	本期减免税额	本期增值税小规模纳税人减征额	本期已缴税额	本期应补（退）税额
1	*											
2	*											
3	*											
4	*											
5	*											
6	*											
7	*											
8	*											
9	*											
10	*											
合计	*	*	*	*	*	*	*					

二、从租计征房产税

	本期申报租金收入	税率	本期应纳税额	本期减免税额	本期增值税小规模纳税人减征额	本期已缴税额	本期应补（退）税额
1							
2							
3							
合计							

谨声明：本纳税申报表是根据国家税收法律法规及相关规定填报的，是真实的、可靠的、完整的。

纳税人（签章）：　　　　　　年　月　日

经办人： 经办人身份证号： 代理机构签章： 代理机构统一社会信用代码：	受理人： 受理税务机关（章）： 受理日期：　　年　月　日

表 3.240

增值税纳税申报表

（一般纳税人适用）

根据国家税收法律法规及增值税相关规定制定本表。纳税人不论有无销售额，均应按税务机关核定的纳税期限填写本表，并向当地税务机关申报。

税款所属时间：自　　年　月　日至　　年　月　日　　　填表日期：　　年　　月　日

金额单位：元

纳税人识别号					所属行业		
纳税人名称	（公章）	法定代表人姓名		注册地址		生产营业地址	
开户银行及账号		登记注册类型				电话号码	

项目		栏次	一般项目		即征即退项目	
			本月数	本年累计	本月数	本年累计
销售额	（一）按适用税率计税销售额	1				
	其中：应税货物销售额	2				
	应税劳务销售额	3				
	纳税检查调整的销售额	4				
	（二）按简易办法计税销售额	5				
	其中：纳税检查调整的销售额	6				
	（三）免、抵、退办法出口销售额	7			——	——
	（四）免税销售额	8			——	——
	其中：免税货物销售额	9			——	——
	免税劳务销售额	10			——	——
税款计算	销项税额	11				
	进项税额	12				
	上期留抵税额	13			——	
	进项税额转出	14				
	免、抵、退应退税额	15			——	——
	按适用税率计算的纳税检查应补缴税额	16			——	——
	应抵扣税额合计	17 = 12 + 13 − 14 − 15 +16	——			——
	实际抵扣税额	18（如 17<11，则为 17，否则为 11）				
	应纳税额	19 = 11 − 18				
	期末留抵税额	20 = 17 − 18				——
	简易计税办法计算的应纳税额	21				
	按简易计税办法计算的纳税检查应补缴税额	22			——	——
	应纳税额减征额	23				
	应纳税额合计	24 = 19+21−23				

表 3.240（续）

项　　目		栏　次	一般货物及劳务		即征即退货物及劳务	
			本月数	本年累计	本月数	本年累计
税款缴纳	期初未缴税额（多缴为负数）	25				
	实收出口开具专用缴款书退税额	26			——	——
	本期已缴税额	27＝28+29+30+31				
	①分次预缴税额	28	——			——
	②出口开具专用缴款书预缴税额	29	——		——	——
	③本期缴纳上期应纳税额	30				
	④本期缴纳欠缴税额	31				
	期末未缴税额（多缴为负数）	32＝24+25+26−27				
	其中：欠缴税额（≥0）	33＝25+26−27	——			——
	本期应补（退）税额	34＝24−28−29	——			——
	即征即退实际退税额	35	——		——	
	期初未缴查补税额	36			——	——
	本期入库查补税额	37			——	——
	期末未缴查补税额	38＝16+22+36−37			——	——

授权声明		申报人声明	
	如果你已委托代理人申报，请填写下列资料： 为代理一切税务事宜，现授权________（地址）________________为本纳税人的代理申报人，任何与本申报表有关的往来文件，都可寄予此人。 授权人签字：		本纳税申报表是根据国家税收法律法规及相关规定填报的，我确定它是真实的、可靠的、完整的。 声明人签字：

⑪12 月 31 日，公司收到洁华公司（所得税率 25%）年度利润表。本年实现净利润 100 000 元。投资收益计算表如表 3.241 所示。

表 3.241

投资收益计算表

编制单位：成都康健沐桶股份有限公司　　20×7 年 12 月　　金额单位：元

被投资企业	持股比例/%	本年实现净利润	按公允价值调整后金额	投资收益

⑫12 月 31 日，公司收到银行结汇通知。其相关票据如表 3.242 所示。

表 3.242

中国工商银行收账通知/外汇买卖单

20×7 年 12 月 31 日

<table>
<tr><td rowspan="2">收汇单位</td><td>全称</td><td>成都康健沐桶股份有限公司</td><td>核销单号</td><td>110822369</td></tr>
<tr><td>账号</td><td>424401201234123456</td><td>金额</td><td>$ 60 000</td></tr>
<tr><td>摘要</td><td colspan="2">发票号：09US-MYT30
我行编号：
申报单号：
汇率：6.827 9
应收金额：409 674.00
国外扣费：</td><td colspan="2">我行扣费：
净结汇/入账金额：409 674.00
备注：
付款人及国别：
汇款方式：</td></tr>
</table>

⑪312 月 31 日，计算并处理出口退税，相关票据如表 3.243 至表 3.245 所示。

表 3.243

主页　　中华人民共和国海关出口货物报关单　　收汇核销联

预录入编号：565540251　　海关编号：222920100560025485

出口口岸 外港海关 2225	备案号	出口日期 20×7-12-15	申报日期 20×7-12-18
经营单位：5101960023 成都康健沐桶股份有限公司	运输方式： 水路运输	运输工具名称： DA XI YANG/0005E	提运单号： SHALAX050689
发货单位：5101960023 成都康健沐桶股份有限公司	贸易方式： 一般贸易 0110	征免性质： 一般征税（101）	结汇方式： 电汇
许可证号	运抵国： 美国（502）	指运港： 洛杉矶（3154）	境内货源地： 成都其他（51019）
批准文号： 核销单号 110822369	成交方式： CIF	运费：美元 总价 1 580	保费：
杂费：			
合同协议号	件数： 200	包装种类： 其他	毛重（千克） 8 060
净重（千克） 8 000			
集装箱号	随附单据		生产厂家
标记唛码及备注： 附单证号：310050210022259000 集装箱号：GSLU2256303			

项号	商品编号	商品名称	数量及单位	最终目的国（地区）	单价	总价	币制	征免
01	259631	沐浴桶	200 只	美国（502）	300	60 000.00	USD 美元	照章征税

税费征收情况

华海国际物流有限公司
3 1 1 5 2 6 9 4 4 3

录入员　录入单位	兹声明以上申报无讹并承担法律责任	海关审单批注及放行日期（签章）
		审单　审价
报关员	申报单位：	征税　统计
单位地址	填制日期：	查验　放行
邮编		

上海华海国际物流有限公司 ★★★

签发关员：马元
签发日期：20×7/12/24

表 3.244

出口收汇核销单

国家外汇管理局 监制章

编号：110822369

<table>
<tr><td colspan="2">出口单位：</td><td colspan="4">成都康健沐桶股份有限公司</td><td rowspan="5">出口单位盖章</td></tr>
<tr><td colspan="2">单位代码：</td><td colspan="4">5101960023</td></tr>
<tr><td rowspan="2">银行签注栏</td><td>类别</td><td>币种金额</td><td>日期</td><td colspan="2">盖章</td></tr>
<tr><td></td><td></td><td></td><td colspan="2"></td></tr>
<tr><td colspan="2">海关签注栏</td><td colspan="4"></td></tr>
<tr><td colspan="2">外汇局签注栏</td><td colspan="4">年　　月　　日　（盖章）</td><td>海关盖章</td></tr>
</table>

表 3.245　　出口货物退税处理

【当前记录数据库】 项目名称	出口货物明细申报查询 数据
所属期	20×712
序号	0001
记销售日期	20×7. 12. 31
所属期标志	20×7
进料登记册号	
出口报关单号	560025485
出口日期	20×7. 12. 07
外汇核销单号	11082236
代理证明号	
单证不齐标志	
出口商品代码	4421909091
出口商品名称	木制品
计量单位	件
出口数量	300
原币代码	USD
原币币别	美元
原币离岸价	60 000. 000 0
原币汇率	682. 790 0
人民币离岸价	409 674. 000 0
美元汇率	682. 790 0
美元离岸价	60 000. 000 0
征税税率	13. 000 0
退税率	10. 000 0
征退税差额	12 290. 22
应退税额	40 967. 40
出口发票号	09US-MYT30
信息不齐标志	B
单证收齐年月	20×7. 12
单证收齐序号	0001
单证收齐标志	BH
免抵退税年月	
申报标志	R
审核标志	R
备注	
出口合同号	
合同项号	

⑭12 月 31 日，计算并确认企业所得税（假设只考虑本月有关资料），填制表 3.246。

表 3.246

A200000　中华人民共和国企业所得税月（季）度预缴纳税申报表（A 类）

税款所属期间：　　年　月　日至　　年　月　日

纳税人识别号（统一社会信用代码）：□□□□□□□□□□□□□□□□□□□□□□

纳税人名称：　　　　　　　　　　　　　　　　　　　　　　金额单位：元

<table>
<tr><td>预缴方式</td><td colspan="3">□ 按照实际利润额预缴</td><td colspan="4">□ 按照上一纳税年度应纳税所得额平均额预缴</td><td colspan="3">□ 按照税务机关确定的其他方法预缴</td></tr>
<tr><td>企业类型</td><td colspan="3">□ 一般企业</td><td colspan="4">□ 跨地区经营汇总纳税企业总机构</td><td colspan="3">□ 跨地区经营汇总纳税企业分支机构</td></tr>
<tr><td colspan="10">按季度填报信息</td></tr>
<tr><td rowspan="2">项目</td><td colspan="2">一季度</td><td colspan="2">二季度</td><td colspan="2">三季度</td><td colspan="2">四季度</td><td rowspan="2">季度平均值</td></tr>
<tr><td>季初</td><td>季末</td><td>季初</td><td>季末</td><td>季初</td><td>季末</td><td>季初</td><td>季末</td></tr>
<tr><td>从业人数</td><td></td><td></td><td></td><td></td><td></td><td></td><td></td><td></td><td></td></tr>
<tr><td>资产总额（万元）</td><td></td><td></td><td></td><td></td><td></td><td></td><td></td><td></td><td></td></tr>
<tr><td>国家限制或禁止行业</td><td colspan="4">□ 是 □ 否</td><td colspan="4">小型微利企业</td><td>□ 是 □ 否</td></tr>
<tr><td colspan="10">预缴税款计算</td></tr>
</table>

行次	项目	本年累计金额
1	营业收入	
2	营业成本	
3	利润总额	
4	加：特定业务计算的应纳税所得额	
5	减：不征税收入	
6	减：免税收入、减计收入、所得减免等优惠金额（填写 A201010）	
7	减：资产加速折旧、摊销（扣除）调减额（填写 A201020）	
8	减：弥补以前年度亏损	
9	实际利润额（3+4-5-6-7-8）/按照上一纳税年度应纳税所得额平均额确定的应纳税所得额	
10	税率（25%）	
11	应纳所得税额（9×10）	
12	减：减免所得税额（填写 A201030）	
13	减：实际已缴纳所得税额	
14	减：特定业务预缴（征）所得税额	
L15	减：符合条件的小型微利企业延缓缴纳所得税额（是否延缓缴纳所得税 □ 是 □ 否）	
15	本期应补（退）所得税额（11-12-13-14-L15）/税务机关确定的本期应纳所得税额	

表 3.246（续）

汇总纳税企业总分机构税款计算			
16	总机构填报	总机构本期分摊应补（退）所得税额（17+18+19）	
17		其中：总机构分摊应补（退）所得税额（15×总机构分摊比例____%）	
18		财政集中分配应补（退）所得税额（15×财政集中分配比例____%）	
19		总机构具有主体生产经营职能的部门分摊所得税额（15×全部分支机构分摊比例____%×总机构具有主体生产经营职能部门分摊比例____%）	
20	分支机构填报	分支机构本期分摊比例	
21		分支机构本期分摊应补（退）所得税额	
附报信息			
高新技术企业	□是 □否	科技型中小企业	□是 □否
技术入股递延纳税事项	□是 □否		
谨声明：本纳税申报表是根据国家税收法律法规及相关规定填报的，是真实的、可靠的、完整的。 纳税人（签章）： 年 月 日			
经办人： 经办人身份证号： 代理机构签章： 代理机构统一社会信用代码：		受理人： 受理税务机关（章）： 受理日期： 年 月 日	

国家税务总局监制

⑪⑤12 月 31 日，公司将损益类各账户余额结转至“本年利润”账户。

⑪⑥12 月 31 日，公司将“本年利润”账户余额结转至“利润分配——未分配利润”账户。

⑪⑦12 月 31 日，公司按净利润的 10%提取法定盈余公积，按 5%提取任意盈余公积，盈余公积金提取计算表如表 3.247 所示。

表 3.247

盈余公积金提取计算表

年 月

项　　目	提取比例	金额
净利润		
减：弥补企业以前年度亏损		
计提盈余公积基数		
本期应提取法定盈余公积		
本期应提取任意盈余公积		

复核　　　　制表

⑪⑧12 月 31 日，公司按可分配利润的 60%向投资者分配利润，暂不支付。应付利润计算表如表 3.248 所示。

表 3.248

应付利润计算表

年 月

项 目	金 额
净利润	
减：弥补企业以前年度亏损	
提取法定盈余公积	
提取任意盈余公积	
加：年初未分配利润	
盈余公积补亏	
可供投资者分配的利润	
应付给投资者的利润	

复核　　　　　　　　　　　　　　　　制表

⑪⑨12 月 31 日，公司将“利润分配”各明细账户余额转入“利润分配——未分配利润”账户。

⑫⓪12 月 31 日，结出所有账户本年发生额和余额。

⑫①12 月 31 日，根据有关资料，编制会计报表。

第四章　企业会计综合实训提示

本章对第三章的康健公司经济业务所对应的要点进行提示。

①将报销的差旅费冲减期初余额“其他应收款——办公室张丹”。

②定额备用金可用“其他应收款”核算。

③将向银行借入的款项作为“长期借款”处理。

④借记“在建工程”。

⑤将验收入库的木板材冲减期初“材料采购——木板材”。

⑥注意：期初有对该公司的合同负债。

⑦将广告费作为“销售费用”处理。

⑨按实发数减少“银行存款”，代扣款项转入“其他应付款”和“应交税费”。

⑩将办公用品购置费作为“管理费用”处理。

⑪按有关比例冲减“交易性金融资产”有关成本和公允价值变动，差额作为“投资收益”。

⑫将预付的不锈钢带款作为“预付账款”。

⑬油漆按计划成本计价，同时结转材料成本差异。

⑭根据领用部门将木板材，拼板胶、不锈钢带、油漆和纸箱费计入相应成本费用。

⑮将希望工程捐款作为“营业外支出”处理。

⑰将原木记入“委托加工物资”。

⑲借记“应收票据”。

㉑将业务招待费作为“管理费用”处理。

㉒将刨木机账面价值转入“固定资产清理”。

㉓以放弃债权的公允价值作为小轿车入账价值。

㉔银行汇票存款，记入“其他货币资金”

㉗按人民币金额确认销售实现，并记入应收账款，没有增值税。

㉘扣除极可能发生现金折扣确认收入。

㉞先不进行账务处理。

㉟将评估费作为“管理费用”处理。

㊱接第㉒笔，清理费用记入“固定资产清理”。

㊴接第㊱笔，清理收入记入“固定资产清理”。

㊵接第⑲笔，贴现息记入“财务费用”。

㊶接第㊴笔将清理的净损益记入“营业外收入”或“营业外支出”。

㊷接第⑰笔业务，加工费记入“委托加工物资”。

㊸根据领用部门将原材料计入相应成本费用。

㊹将收回的应收账款冲减坏账准备。

㊼此时不确认收入，货物的发出在月末进行处理。

㊾冲减期初“应付职工薪酬”及第⑨笔“其他应付款”。

㊿接第㉔笔，贷记“其他货币资金”。

51大客车先进行固定资产清理，再把收到的门面房按公允价值记入“投资性房地产”换出大客车公允价值与账面价值的差额作为资产处置损益。

54冲减期初余额。

55将汽车维修费作为“税金及附加”处理。

56将排污费作为“管理费用”处理。

57领用的机修工具摊销其一半价值，报废的机修工具先摊销另一半价值后再报废。

58短期租赁简化处理。

59将印花税作为“税金及附加”处理。

60按市价作为“交易性金融资产”成本，手续费记入“投资收益”借方。

63此笔收到第㉞笔业务的款。

64按固定资产期初余额和月折旧率计算，将固定资产折旧记入有关成本费用。

65将收到的银行存款利息冲减“财务费用”。

68按租赁开始日租赁付款额的现值确认租赁负债和使用权资产，已支付的第一年租金扣减租赁负债。

72将接收的清缝机作为营业外收入。

73将出售的不锈钢带确认为其他业务收入。

75将房屋维修费作为“管理费用”处理。

76在发出时确认收入的实现。

77将退回的浴足盆冲减“主营业务收入”。

78将短缺油漆作为“待处理财产损溢”。

83将收到的房租作为“其他业务收入”处理。

85罚款作为“营业外收入”。

87按半年计算一次摊余成本。

91汇兑损益记入“财务费用”。

92根据收盘价，分别计算公允价值变动损益。

96根据各车间产量和单位计件工资计算填列工资，各车间产量资料见表3.213。

109按借款费用准则处理，将资本化利息记入“在建工程”。

113将征退税差额进项税额转出记入“主营业务成本”。

参考文献

［1］中国注册会计师协会．会计［M］．北京：中国财经出版传媒集团，2020.

［2］中国注册会计师协会．税法［M］．北京：中国财经出版传媒集团，2020.

［3］财政部，国家税务总局．关于全面推开营业税改征增值税试点的通知（财税〔2016〕36 号）［EB/OL］．（2016-03-23）［2020-11-30］．http:www.shigoog.com/news/201603/zjzhe1310.html.

［4］财政部．增值税会计处理规定［EB/OL］．（2016-12-03）［2020-11-30］．http//baike.sogou.com/v168072770.html.

［5］中国注册会计师协会．会计［M］．北京：中国财政经济出版社，2009.

［6］刘波，张晋红．财务会计实训与指导［M］．成都：西南财经大学出版社，2008.

［7］王彤彤．会计综合实训［M］．北京：中国财政经济出版社，2008.

［8］苏郁生．财务会计实训［M］．北京：高等教育出版社，2008.

［9］张晋红．财务会计实训与指导［M］．成都：西南财经大学出版社，2008.

［10］马荣贵．财务会计实训教程［M］．郑州：郑州大学出版社，2008.

［11］尹莉．财务会计学习指导与实训［M］．北京：中国金融出版社，2008.

［12］尚慧艳．财务会计模拟实训［M］．北京：中国人民大学出版社，2007.

［13］谢合明．企业会计实训教程［M］．成都：西南财经大学出版社，2006.

［14］王炜，陈强．中级财务会计实训教程［M］．北京：清华大学出版社，2004.

［15］章道云，唐云锦．企业会计模拟实习教程［M］．成都：西南交通大学出版社，2002.